Jean Ziegler

O CAPITALISMO EXPLICADO ÀS CRIANÇAS

Tradução de Sandra Pina

Ilustrações de Natan

Revisão técnica: Ana Ossa e André Meister

1ª edição
2021

Título Original: Le capitalisme expliqué à ma petite-fille (en espérant qu'elle en verra la fin)
Copyright © Jean Ziegler 2018 conforme edição francesa, para Éditions du Seuil.

© 2021 by Jean Ziegler

© **Direitos para esta publicação exclusiva**
CORTEZ EDITORA
Rua Monte Alegre, 1074 – Perdizes
05014-001 – São Paulo – SP
Tel.: (11) 3864-0111 Fax: (11) 3864-4290
cortez@cortezeditora.com.br
www.cortezeditora.com.br

Direção
José Xavier Cortez

Editor
Amir Piedade

Preparação
Isabel Ferrazoli

Revisão
Alexandre Ricardo da Cunha
Gabriel Maretti
Rodrigo da Silva Lima

Edição de Arte
Mauricio Rindeika Seolin

Capa
Vivian Lobenwein

Obra em conformidade ao
Novo Acordo Ortográfico da Língua Portuguesa

Dados Internacionais de Catalogação na Publicação (CIP)
(Câmara Brasileira do Livro, SP, Brasil)

Ziegler, Jean
    O capitalismo explicado às crianças / Jean Ziegler;
ilustrações de Natan; tradução de Sandra Pina; revisão
técnica Ana Ossa e André Meister. – 1. ed. – São Paulo:
Cortez, 2021.

    Título original: Le capitalisme expliqué à ma petite-fille:
en espérant qu'elle en verra la fin

    ISBN 978-65-5555-131-0

    1. Capitalismo 2. Capitalismo – História I. Natan.
II. Título.

21-77442   CDD-330.12209

Índices para catálogo sistemático:

1. Capitalismo: História 330.12209

Cibele Maria Dias – Bibliotecária – CRB-8/9427

Impresso no Brasil – agosto de 2021

AMBASSADE
DE FRANCE
AU BRÉSIL
Liberté
Égalité
Fraternité

«*Cet ouvrage, publié dans le cadre du Programme d'Aide à la Publication 2021 Carlos Drummond de Andrade de l'Ambassade de France au Brésil, bénéficie du soutien du Ministère de l'Europe et des Affaires Etrangères.*»
"*Este livro, publicado no âmbito do Programa de Apoio à Publicação 2021 Carlos Drummond de Andrade da Embaixada da França no Brasil, contou com o apoio do Ministério da Europa e das Relações Exteriores.*"

Dedico este livro às minhas netas

e aos meus netos.

O autor utiliza os termos "Terceiro Mundo" para indicar os países que, hoje, são denominados de "países emergentes", "países em desenvolvimento" ou "países subdesenvolvidos" e "Primeiro Mundo" para indicar os países que, atualmente, são chamados de "países desenvolvidos" (N. do E.).

"Vós, que aqui na terra viveis na dor,

É preciso acordar todas as forças

De vosso ser.

A obediência, para o homem,

É o flagelo maior.

Quem não gostaria de uma vez

Tornar-se seu próprio mestre?"

Bertolt Brecht, *Vida de Galileu* *

* Paris, Éditions de l'Arche, 1974 (traduzido para o francês por A. Jacobet et E. Pfrimmer). Tradução livre para o português. (N. da T.)

I

– Na noite passada, mamãe me chamou toda animada: você estava na televisão discutindo o capitalismo com um homem que parecia bem gentil, mas vocês não concordavam em nada. Não entendi muita coisa da discussão, mas você parecia bem zangado. Por quê?

– Você está certa, Zohra, eu estava irritado. Aquele homem na minha frente se chama Peter Brabeck-Letmathe, é o presidente da Nestlé, a empresa de alimentos transcontinental mais poderosa do mundo. A Nestlé, fundada há cento e cinquenta anos na pequena Suíça, atualmente é a vigésima sétima empresa mais poderosa do planeta.

– Não vejo qual é o problema. A Nestlé faz um chocolate muito bom! E, se a Suíça é capaz de desenvolver empresas que fazem negócios em todos os continentes, por que isso deixa você irritado?

– Porque Peter Brabeck citou o tempo todo a teoria de seu amigo Rutger Bregman, um famoso historiador holandês. No entanto, eu me oponho a essa concepção da história e da economia. Ele afirma entre outros o seguinte: "Em mais ou menos 99% da história mundial, 99% da humanidade esteve pobre, faminta, suja, com medo, burra, horrível e doente. [...] Mas tudo mudou ao longo dos últimos duzentos anos, [...] bilhões de nós se tornaram ricos, bem nutridos, limpos, seguros e, até mesmo, bonitos. Mesmo aqueles a quem ainda chamamos de 'pobres' gozarão de uma abundância sem precedentes na história mundial".

Dessa forma, Peter Brabeck afirma que a ordem capitalista é a forma de organização mais justa que a história já conheceu, garantindo a liberdade e o bem-estar da humanidade.

– E isso não é verdade?

– Claro que não! A verdade é exatamente o oposto! O modo de produção capitalista é responsável por incontáveis crimes, pelo massacre diário de dezenas de milhares de crianças por causa da desnutrição e doenças ligadas à fome, pela volta de epidemias há muito tempo controladas pela medicina e também pela destruição do meio ambiente, pelo envenenamento do solo, da água e dos mares, pela destruição das florestas... Atualmente somos 7,3 bilhões de seres humanos sobre nosso frágil planeta. Mais de dois terços, cerca de 4,8 bilhões, moram no Terceiro Mundo, entre eles, centenas de milhões vivem em condições impróprias. Mães são atormentadas pelo pânico do amanhã porque não sabem como poderão alimentar seus filhos no dia seguinte. Pais são humilhados, desprezados até mesmo dentro de suas famílias porque não conseguem trabalho, vítimas do que chamam de "desemprego permanente". Crianças crescem na miséria e no medo, com frequência são vítimas de violência familiar, sua infância muitas vezes é destruída. Para 2 bilhões de seres humanos – os que o Banco Mundial chama de "extremamente pobres" –, a liberdade não existe. Sua única preocupação é a sobrevivência.

Os efeitos desastrosos do subdesenvolvimento são a fome, a sede, as epidemias e a guerra. A cada ano, eles destroem mais homens, mulheres e crianças do que a carnificina da Segunda Guerra Mundial destruiu em seis anos. Isso faz com que muitos de nós digam que, para os pobres do Terceiro Mundo, a "Terceira Guerra Mundial" está acontecendo.

– Se estou entendendo, Brabeck e você são totalmente opostos. Vocês não concordam sobre as coisas boas ou ruins do capitalismo.

– Você está certa. Na minha opinião, e para todos aqueles que pensam como eu, o capitalismo criou um canibalismo no planeta: abundância para uma pequena minoria e miséria mortal para a multidão.

Faço parte do grupo de inimigos do capitalismo. Eu luto contra ele.

– Então é preciso acabar com o capitalismo pura e simplesmente?

– Minha querida Zohra, a resposta não é simples... Para uma minoria de seres humanos, especialmente aos que vivem nos países do Primeiro Mundo ou fazem parte das classes dominantes dos países do Terceiro Mundo, as incríveis revoluções – industriais, científicas, tecnológicas – produzidas pelo sistema capitalista durante os séculos XIX e XX trouxeram uma prosperidade econômica sem precedentes. O modo capitalista de produção é caracterizado por vitalidade e criatividade impressionantes. Ao concentrar enormes recursos financeiros e talentos humanos, jogando com a competição e a concorrência, os detentores mais poderosos do capital controlam o que os economistas chamam de "conhecimento problemático", ou seja, a pesquisa científica e tecnológica nos mais diversos campos: eletrônica, informática, farmacêutica, médica, energética, aeronáutica, astronomia, ciência dos materiais...

Graças aos laboratórios, às universidades que patrocinam,

eles conseguem progressos impressionantes, em especial no campo da biologia, da genética ou da física. Nos laboratórios de empresas farmacêuticas como Novartis, Hoffmann-La Roche, ou ainda Syngenta, a cada mês é criada uma nova molécula ou um novo medicamento; em Wall Street, um novo instrumento financeiro é inventado quase que a cada trimestre. As empresas transcontinentais de alimentação aumentam a produção sem parar, diversificam sementes, fabricam fertilizantes cada vez mais rentáveis, aumentam as colheitas e inventam pesticidas ainda mais eficazes para protegê-las das pragas; os astrofísicos observam universos que não o nosso, que giram em torno de seus sóis, e descobrem novos exoplanetas o tempo todo; a indústria automobilística a cada ano constrói automóveis mais sólidos e mais rápidos; cientistas e engenheiros enviam ao espaço satélites cada vez mais eficientes; milhares de patentes que protegem milhares de novas invenções em todas as áreas do conhecimento humano são depositadas todos os anos na OMPI, Organização Mundial da Propriedade Intelectual, em Genebra.

– Se estou entendendo direito, Jean, o modo capitalista de produção e de acumulação surpreende você por sua inventividade e poder criativo...

– Sim, Zohra. Pense bem: entre 1992 e 2002, em apenas dez anos, a produção bruta mundial dobrou e o volume de comércio triplicou. Quanto ao consumo de energia, ele dobra em média a cada quatro anos.

Desde o início deste milênio, pela primeira vez na história, a humanidade desfruta de abundância de bens. O planeta está atolado em riquezas. Os bens disponíveis excedem em muito as irrefreáveis necessidades dos seres humanos.

– Então o capitalismo é bom?

– O canibalismo criado pelo capitalismo precisa ser radicalmente destruído, mas as conquistas incríveis da ciência e da tecnologia devem, não apenas ser preservadas, mas também potencializadas. O trabalho, o talento e a genialidade humanos devem servir ao bem comum, ao interesse público de todos nós – de todos os humanos – e não apenas ao conforto, luxo e poder de uma minoria. Mais tarde, eu conto em que condições o novo mundo, aquele com que sonham homens e mulheres, pode se concretizar. Por enquanto, deixa eu explicar de onde vem o capitalismo.

– Então, me conte, como o capitalismo nasceu?

– É uma história longa e muito complicada, já que o capitalismo é, ao mesmo tempo, um *modo de produção econômica* e uma *forma de organização social*. Tem a ver com o nascimento e declínio das classes sociais. Todos esses termos são um pouco abstratos para você, mas vou explicar, porque são necessários para entender direito o estado das coisas.

– Espera. Antes de mergulhar na teoria, me conta de onde vem a palavra...

– "Capitalismo" vem da palavra latina *caput*, que quer dizer "cabeça"; originalmente, em termos econômicos, se refere a cabeça de gado. A palavra "capital" surgiu nos séculos XII-XIII no sentido de fundos, em especial, de quantidade de dinheiro para rendimentos. "Capitalista" surge muito mais tarde, no século XVII, para designar o dono de riquezas, depois o empreendedor, aquele que compromete uma quantidade de dinheiro no processo de produção. Desde o século XVIII, ela se refere normalmente a qualquer pessoa que possui riquezas. O economista liberal inglês David Ricardo, autor de *On the Principles of Political Economy and Taxation (Princípios de economia política e tributação)*, de 1817, utiliza o termo da mesma forma que o anarquista revolucionário francês Pierre Joseph Proudhon em *O que é a propriedade?*, de 1840.

Por fim, em meados do século XIX, surgiu a palavra "capitalismo", que só passou a ser utilizada com frequência no século XX. Encontramos o termo em Louis Blanc, em uma obra sua de 1850, no sentido de uma "apropriação do capital por uns em detrimentos de outros" (*Organização do trabalho*), em Proudhon e, é claro, em Karl Marx, como um regime econômico e social onde o capital, fonte de renda, normalmente não pertence aos que o produzem mediante seu trabalho.

– Ah! Isso eu entendo! Foi ele que deu nome aos marxistas, tenho amigos marxistas e anticapitalistas!

– Você está certa. Revolucionários, há mais de um século, se inspiram em Karl Marx. Ele é de longe o mais conhecido de todos os pensadores que acabei de citar. Marx dedicou vinte anos de sua vida de filósofo, economista, teórico e combatente revolucionário à escrita de um livro, *O Capital*: *crítica da economia política*, que ficou inacabado com sua morte, em 1883. Foi em Londres, onde estava refugiado com a família, observando a indústria britânica e as terríveis condições de trabalho que impunha aos operários, que ele mostrou a real natureza do capitalismo e, então, forneceu argumentos às vítimas para que o combatessem.

– Então, Jean, se entendi direito, o "capital" é uma quantidade de dinheiro produzida pelo trabalho, que é reinvestida e que, por sua vez, se torna uma fonte de renda; e o "capitalista" é o dono dessa quantidade de dinheiro e que se apropria desses ganhos, privando aqueles que a produziram com seu trabalho. É isso?

– Exatamente. A palavra "capitalismo" se refere a essas duas características fundamentais: o "capital" como massa de dinheiro, e o "capitalista" como agente operacional, ou ator social, que enriquece às custas dos trabalhadores.

Esse sistema capitalista não caiu do céu. É o produto, que finalmente triunfou, de lutas entre classes antagonistas que se estendem há muitos séculos... Lutas sangrentas, geralmente inconclusivas.

– Pode resumir essa história também?

– Claro! Durante milênios houve pessoas ricas, donas de muitos bens – terras, ferramentas de produção, acesso a água, palácios, meios de transporte, alimentação requintada, talheres de ouro e prata, roupas e joias suntuosas etc. – e o poder que vem com tudo isso. Esses ricos possuíam também, para trabalhar e lhes servir, homens, mulheres e crianças totalmente privados de liberdade, vendidos e comprados como mercadorias. O dono desses "escravos" tinha o poder de vida e morte sobre eles. Esse sistema social e de produção tão antigo se chama "escravidão". E foi comum durante toda a Antiguidade.

– Na escola, o professor disse que ainda existem crianças escravas hoje em dia, na Mauritânia, eu acho, e também em outros lugares, e vi na televisão que na Líbia eles vendem jovens imigrantes africanos como escravos...

– É verdade. Mas como sistema de produção, como forma de organização do trabalho, a escravidão felizmente foi abolida e a compra e venda de seres humanos foi proibida.

O cristianismo, em princípio, condenou a escravidão. Digo "em princípio" porque, na realidade, quando os europeus precisaram de mão de obra para trabalhar fora da Europa, nas terras e minas conquistadas na América, eles não apenas praticaram a submissão das populações indígenas, como também, e principalmente, escravizaram os negros africanos para deportá-los em massa até o final do século XIX, isso, sem que as Igrejas se opusessem.

No mundo cristão da Europa, na Idade Média, depois do fim do Império Romano, um novo sistema socioeconômico foi posto em prática aos poucos: o "feudalismo", baseado na propriedade da terra (o feudo) e nas ligações complexas e hierarquizadas entre os soberanos (imperadores, reis, príncipes, detentores de poder político e donos de muitas terras) e os proprietários locais, os senhores (vassalos dos soberanos), eles próprios donos de vassalos de menor importância, incluindo a população que vivia em suas terras. Os não proprietários de terra eram os "servos" – do latim *servus* –, mantidos em "servidão", presos numa condição de "não livres", apesar de terem certos direitos reconhecidos, como filhos de Deus, irmãos na fé cristã. Os servos estavam ligados à terra e tinham que trabalhar para o proprietário dela em troca de sua proteção. A diferença entre escravidão e servidão vem da condição jurídica do servo: ele não tinha sido conquistado, reduzido a uma coisa, como era o escravo, e tinha uma personalidade jurídica. Sendo assim, podia se casar, possuir bens, e não podia ser vendido. Quer que eu continue?

– Sim, mas antes tenho uma pergunta: você disse que a terra se chamava feudo. De onde vem essa palavra engraçada?

– A palavra "feudo" vem do frâncico *fehu*, que quer dizer "gado", ou do gótico *faihu*, que significa "dinheiro, bens". Indica a terra possuída. O feudalismo é, então, um sistema político baseado na propriedade da terra e na servidão. É caracterizado pela hierarquia dos feudos e das pessoas. É o centro nervoso de um complexo sistema de obrigações e serviços prestados por homens livres, os vassalos – na maioria das vezes, com a obrigação militar de defender o território do soberano, ou conquistar outros em seu nome, às vezes, levar recomendações em favor do soberano –, tendo, como resultado, a concessão ao vassalo de um bem, como um feudo, um benefício. O soberano devia ao vassalo proteção e assistência e, em troca, o vassalo lhe devia fé, respeito, ajuda e recomendação.

Foram o enfraquecimento da autoridade pública depois das invasões germânicas, húngaras, *vikings* etc., o fracasso dos carolíngios (herdeiros de Carlos Magno) em reconstruir o Império e a crise sociopolítica que se seguiu que contribuíram para consolidar esse sistema depois do ano 1000.

– Mas nas cidades também havia feudos?

– Você faz uma pergunta importante. Sim, também havia feudos nas cidades. As famílias nobres eram donas das terras e das casas. Mas foi nas cidades, contra o feudalismo e a servidão, que se desenvolveu o novo modo de produção capitalista.

Marx situa claramente sua aparição no século XVI e sua ascensão no final do século XVIII, quando uma série de revoluções tecnológicas e a mecanização do trabalho começaram a enriquecer consideravelmente uma nova camada da população: a burguesia. O que Marx não analisa em detalhes (em sua época, o conhecimento sobre a Idade Média ainda era muito vago) é que determinados meios de acumulação de capital pelos artesãos e principalmente pelos mercadores começaram muito cedo nas cidades da Idade Média, onde o processo de enriquecimento da burguesia começou ainda no século XII, ou talvez antes.

Porém, o que é importante você entender é que, como forma de organização social, o capitalismo está intimamente ligado às lutas seculares entre classes sociais opostas.

– Classes sociais opostas... Isso é, por exemplo, a classe burguesa contra a classe feudal?

– Sem dúvida. Voltemos um pouco ao fim da escravidão e sua consequência lógica. A sociedade escravista tinha afundado; na Europa, o proprietário de terra não podia mais comprar trabalhadores extras para aumentar a produtividade. Então precisou desenvolver ferramentas, canais de comercialização de seus produtos, fontes de energia, métodos de tratamento das matérias-primas. Embora conhecidas há muito tempo, porém pouco exploradas, determinadas

O capitalismo explicado às crianças 19

fontes de energia foram consideravelmente melhoradas e implementadas: a energia eólica (os moinhos de vento), a energia hidráulica (os moinhos de água), o carvão de madeira etc. O processamento artesanal das matérias-primas se desenvolveu: a manufatura de tecido, couro, madeira, metais registrou um progresso impressionante. Para proteger suas terras, instalações de manufatura, canais de comercialização, trabalhadores, ou para expandir sua influência e, assim, aumentar seu poder político, os senhores feudais forjaram novas alianças com outros senhores – condes, bispos, abades –, mas também com comunidades urbanas de cidadãos e de burgueses.

Dessa forma, ao longo dos séculos XII-XIII, se produziu uma nova mutação social, simbólica, econômica e política: ela anunciava a degeneração do poder feudal. Cada vez mais, a propriedade das ferramentas tinha mais valor do que a propriedade de terras. E a propriedade das ferramentas deu origem a uma nova classe social: a burguesia urbana emergente. Tal propriedade conferia àquela nova classe um novo poder, em outras palavras, um "contrapoder" em relação aos senhores feudais. É então que surgem os municípios, as comunidades de cidadãos e de burgueses lutando para tirar dos senhores feudais os direitos, as concessões; para se organizar, organizar seu trabalho, seus mercados; para se proteger com milícias; para controlar a moeda, os pesos e as medidas etc.

– Como esses municípios fizeram para se impor?

– Houve revoltas, e até mesmo revoluções reprimidas com força. Repúblicas foram proclamadas, mas não duraram. De vez em quando um senhor feudal com mais visão se aliava aos representantes dos burgueses, em quem ele reconhecia certas qualidades; outras vezes, o senhor se aliava a eles apenas na esperança de aumentar seu poder frente aos outros senhores feudais; algumas vezes a aliança era imposta por uma questão geográfica objetiva: o castelo do senhor feudal ficava em uma cidade onde o desenvolvimento industrial era produzido pela crescente burguesia. Por exemplo, em Paris, o principal castelo ficava na *Île de la Cité*, no coração da comunidade burguesa, onde se registraram as primeiras instalações industriais (nas imediações dos moinhos do Sena).

Essa política de aliança entre determinados senhores feudais e comunidades de burgueses, artesãos e comerciantes urbanos se espalhou pela Europa desde o século XII. Ela provocou o fortalecimento da classe capitalista burguesa. Seu sucesso vai se consolidar com a Revolução Francesa, mas falaremos disso mais tarde.

– Gostaria que você falasse mais sobre Marx. Por que ele é tão famoso? O que ele fez para que jovens, como alguns amigos meus, digam hoje em dia que são marxistas?

– Você tem razão em fazer essa pergunta. Você mora na Suíça e, infelizmente, numa escola suíça terá pouquíssimas chances de ouvir falar de Karl Marx ou de qualquer outro autor que seja radicalmente crítico ao capitalismo. Nascido em 1818, em Tréveris, Marx era um jovem estudante de filosofia. Como era radicalmente contrário ao regime autoritário do rei da Prússia, que governava então a Renânia, ele foi expulso aos 25 anos. Com a família, viveu no exílio, primeiro em Paris e Bruxelas, depois em Londres, até a sua morte. Nutrido, simultaneamente, pela rica cultura judaica e pelo conhecimento preciso da história dos movimentos revolucionários da Europa, ele deixou essa obra monumental da qual falei: *O Capital*.

Em 1848, aos 29 anos, publicou com o amigo Friedrich Engels um pequeno texto chamado *O Manifesto Comunista*. O primeiro volume de *O Capital*, o único publicado enquanto ele estava vivo, em 1867, vendeu 42 exemplares... No entanto, a obra de Marx abalou o mundo, alimentou as insurreições e as revoluções mais importantes dos séculos XIX, XX e início do XXI, nos hemisférios Norte e Sul do planeta. Durante sua vida, Marx e a família foram extremamente pobres, vivendo no exílio. Jenny von Westphalen, sua admirável esposa, sustentava o marido. Com sindicalistas alemães e ingleses, Marx fundou a primeira organização de autodefesa dos trabalhadores, a Associação Internacional dos Trabalhadores, no salão St. Martin's Hall, em Londres, em um dia de chuva de setembro de 1864.

– E por que você acha que ele é tão importante?

– Porque ele criou a primeira teoria completa sobre o capitalismo: radicalmente crítica, incrivelmente viva, erudita e inteligente. Ela alimentou todas as gerações de estudiosos anticapitalistas que o sucederam.

Em *O Capital*, ele descreve com precisão a acumulação da mais-valia...

– Espera, o que é mais-valia? É a mesma coisa que renda?

– Os donos dos meios de produção – capital, maquinário, instalações, matéria-prima etc. – pagam aos trabalhadores o menor salário possível, o suficiente para que eles possam manter sua força de trabalho, que é comer, dormir, ter um teto. O capitalista vende no mercado o produto do trabalho deles sob forma de mercadorias. A diferença entre, de um lado, o salário pago ao trabalhador (mais os outros custos ligados aos meios de produção) e, de outro, o ganho obtido com a venda da mercadoria vai para o bolso do capitalista. Esse ganho se chama "mais-valia". O capitalista reinveste o excedente no processo de produção, e assim por diante. Inevitavelmente, seu capital cresce, acumula a níveis inimagináveis. Mais tarde falarei sobre as imensas fortunas que foram acumuladas assim nas mãos de alguns homens inacreditavelmente ricos, com poder econômico, financeiro, político e ideológico quase ilimitado, inclusive sua influência sobre as ideias. São os chamamos de "oligarcas".

– Você não disse qual a diferença entre mais-valia e renda...

– A "renda do trabalho" é o salário dos trabalhadores, ou o que ganha um autônomo no âmbito de sua profissão liberal ou de seus negócios. A "renda de capital" pode ser de diversos tipos: juros gerados pelo empréstimo de dinheiro; aluguel de terrenos ou imóveis; *royalties* por patentes, licenças, marcas comerciais; e o lucro distribuído pelas empresas, por exemplo, como dividendos aos acionistas de uma sociedade anônima. A mais-valia faz parte dos ganhos do capitalismo. Ela representa a diferença entre o que foi investido numa produção ou numa venda e o que foi ganho.

– Certo, acho que entendi. Ainda há pouco você disse que esses capitalistas muito ricos se chamavam "oligarcas". De onde vem esse nome?

– Vem de oligarquia, uma palavra composta do grego *oligo,* "poucos", e *kratos,* "poder": significa o poder de poucos. Nesse processo que acabei de descrever e que reserva a melhor parte aos oligarcas, o real produtor da mercadoria, o trabalhador, é excluído do ganho; ele pertence agora ao "proletariado", que substituiu os escravos e os servos; ele não tem capital nem meios de produção e, então, para sobreviver, precisa recorrer ao "trabalho assalariado". Marx achava que os trabalhadores se tornariam cada vez mais infelizes, que chegaria a um ponto em que ninguém mais poderia comprar os bens produzidos e que o capitalismo sufocaria a si mesmo. Nessa questão, ele se enganou. Principalmente no Ocidente, os trabalhadores e suas organizações sindicais travaram uma feroz luta de resistência. Arrancaram dos capitalistas, e dos Estados dominados por eles, concessões sociais consideráveis, salários descentes, alguma proteção contra demissões, seguro-desemprego etc.

Sobre a falência do capitalismo, sua asfixia sob a massa de produtos invendáveis e a miséria cada vez maior dos trabalhadores do Ocidente industrial, Marx também se enganou. Mas sobre o crescimento das oligarquias capitalistas em nível planetário, sobre a acumulação ilimitada de capitais nas mãos de cada vez menos homens que se tornam cada vez mais ricos e sobre a miséria de centenas de milhões de seres humanos no Terceiro Mundo, Marx tinha razão... E, em especial, Marx entendeu que a burguesia capitalista impunha uma civilização onde, para citar seu *O Manifesto Comunista*: "o único laço que subsiste entre os homens é o puro interesse, o frio pagamento em dinheiro. Os arrepios sagrados e fervores piedosos, o entusiasmo cavalheiresco e a melancolia foram afogados na água gélida do cálculo egoísta. Fez da dignidade pessoal um simples valor de troca".

Ainda está me acompanhando? Estou aborrecendo você?

– De jeito nenhum! Ao contrário! Estou ouvindo com atenção...

– Marx descreveu uma segunda forma de acumulação de capital, diferente da praticada em seu tempo pelos donos da indústria, do comércio e dos serviços: se chama "acumulação primitiva".

– O que é isso?

– Para investir em produção é necessário um capital inicial, se possível, grande. Marx questionou como esse capital poderia ter sido acumulado pelos capitalistas no início da Revolução Industrial. Veja então o que ele diz em *O Capital*, numa linguagem magnífica:

O capital chega ao mundo transpirando sangue e lama por todos os poros [...]. A escravidão oculta dos assalariados na Europa, escravidão clara no Novo Mundo [...] A história moderna do capital data da criação do comércio e do mercado nos dois mundos no século XVI [...]. O regime colonial garantiu oportunidades às fábricas emergentes, cuja facilidade de acumulação redobrou graças ao monopólio colonial. Os tesouros extorquidos fora da Europa pelo trabalho forçado dos nativos escravizados, pelo peculato, pela pilhagem e pela morte, retornaram à pátria mãe para ali funcionar como capital.

Foram principalmente os africanos – homens, mulheres e crianças – que, desde o início do século XVI, e em condições de indizível crueldade, pagaram com o sangue e a vida pela acumulação inicial do capital europeu. Veja um exemplo: em 1773-1774, a Jamaica tinha mais de 200 mil escravizados em 775 plantações. Uma única dessas plantações de tamanho médio empregava 200 negros em 600 acres, 250 dos quais eram de cana-de-açúcar. Segundo os cálculos mais precisos fornecidos por Marx, a Inglaterra retirou dessas plantações na Jamaica, ao longo do ano de 1773, lucros líquidos de mais de 1.500.000 libras de ouro na época. Na Inglaterra, enormes fábricas foram criadas com esse dinheiro – em especial da indústria têxtil. Do casamento entre o carvão e o ferro, surgiu uma poderosa indústria siderúrgica. Milhões de camponeses e suas famílias foram para as cidades. Você lembra do livro *Oliver Twist,* de Charles Dickens, que seu pai lhe deu para ler ano passado?

– Sim, claro. Me lembro principalmente do final, quando Oliver diz que o inferno é ser pobre.

– É isso. As favelas, o frio glacial do inverno, a fome permanente, as mães pálidas e doentes, os homens violentos, o desprezo e a arbitrariedade dos policiais... O universo de Oliver é o produto da industrialização selvagem em Londres, alimentada pelo saque colonial. Victor Hugo disse: É do inferno dos pobres que é feito o paraíso dos ricos".

– Então foram, principalmente, os escravizados africanos que pagaram com a vida e o sofrimento por essa primeira acumulação?

– Não somente. A "mais-valia da exploração", como a chama Georg Lukács, um discípulo distante de Marx, também foi paga, e maciçamente, com o sangue dos nativos da América Latina.

– Como assim?

– No ano passado você viajou com seus pais para a Espanha. Em Madri, viu a Plaza Mayor, a Puerta del Sol, depois, em Castilla, visitou o Escurial, o suntuoso palácio do rei Felipe II.

– Sim. Era muito bonito, gostei demais, apesar de ter muitos turistas!

– Então, ao longo de três séculos, milhões de nativos, incluindo crianças como você, morreram nas minas para que os reis da Espanha pudessem construir essas maravilhas. Erguida no altiplano boliviano sobre um planalto que se chamava na época Alto Peru, Potosí era, em 1543, a cidade mais populosa das Américas. O cume que se avista de lá, o Cerro Rico, a montanha rica, era repleto de veios de prata. Em três séculos, 40 mil toneladas de prata foram extraídas. Quatro milhões de nativos dos povos aimará, quíchua, moxos e guarani perderam a vida lá.

Nenhum mineiro tinha autorização para voltar à superfície se não estivesse carregado com a quantidade estipulada de minério de prata. Os guardas espanhóis, armados de lanças e machados, ficavam no alto das escadas. Uma criança, um adolescente, uma mulher, um homem que tentava voltar à luz do dia sem sua "cota", era impiedosamente morto ou jogado de volta ao escuro.

Duas vezes por ano, longas procissões de mulas carregadas de prata, ouro, estanho e outros minerais preciosos desciam o altiplano até a costa do Pacífico, em direção a Lima. De lá, os tesouros eram embarcados para Cartagena das Índias e depois em direção a Havana, o epicentro do império espanhol. Depois, escoltados por navios de guerra – você já ouviu falar da Armada Invencível –, os barcos carregados com esses tesouros atravessavam o Atlântico Sul. Em Cádis, na Espanha, eles descarregavam as caixas de ouro e prata.

– E os nativos nunca se revoltavam?

– Claro, mas normalmente em vão... O imperador Carlos V se vangloriava de reinar, como dizia, sobre "um império onde o sol jamais se punha". Antes da chegada dos saqueadores espanhóis, a população do México era de 37 milhões de pessoas, semelhante à população de nativos dos planaltos andinos. Na América Central e no Caribe viviam cerca de 10 milhões de seres humanos. No total, os grandes povos de cultura asteca, maia e inca tinham, até o fim do século XV, entre 70 e 90 milhões de pessoas. Um século mais tarde, não passavam de 3,5 milhões. Portanto, o capital veio ao mundo "transpirando sangue e lama por todos os poros".

– Então os espanhóis eram criminosos?

– Nesse sentido, sim, mas não foram os únicos. As classes dominantes francesas cometeram o mesmo crime. Em termos de crueldade, sua acumulação primitiva de capital se equipara à dos ibéricos – espanhóis e portugueses – e à dos ingleses. Você já viu as pontes, os monumentos imponentes, os incríveis imóveis burgueses de Paris ao longo das grandes avenidas, a Canebière, em Marselha, os grandes palácios em frente ao Rio Garona, em Bordeaux? Então, eles foram pagos com sangue, desespero e sofrimento dos povos de além-mar.

– Você fala das classes dominantes francesas. Quem são?

– Preciso falar da Revolução Francesa. A Revolução Francesa é o triunfo político, ideológico e econômico da burguesia capitalista da Europa do século XVIII. A burguesia tomou então o poder, liberou as forças de transformação da sociedade, construiu um regime e instituições a seu serviço, formulou e impôs uma ideologia legitimando seus interesses de classe. No coração dessa ideologia, ela pôs a noção de propriedade privada. Você lembra, Zohra, o que aconteceu em 10 de agosto de 1792, em Paris?

– Sei que em 14 de julho de 1789 aconteceu a queda da Bastilha e que esse evento marcou o início da Revolução Francesa. Mas em 10 de agosto de 1792... não lembro.

– O verão de 1792 havia sido um período de fome na França, em especial, na capital. Corriam boatos de que o rei Luís XVI e a rainha Maria Antonieta tinham escondido montanhas de alimentos no palácio de Tulherias, nas margens do Sena. A Revolução estava em pleno andamento havia três anos. Os grupos de combate da Comuna Insurrecional de Paris se organizaram para atacar o Tulherias, onde vivia o rei e sua família, protegidos por mercenários suíços que tinham jurado fidelidade ao rei. Os grupos de assalto da Comuna, ajudados por insurgentes civis, venceram a batalha com facilidade. Eles massacraram a maior parte dos suíços: apenas 334 (dos 900) conseguiram escapar, atravessando os jardins. No dia seguinte, uma imensa vala foi cavada na rua Faubourg-Poissonnière. O povo de Paris jogou ali os cadáveres dos suíços.

Os insurgentes não encontraram estoques de trigo, carne ou qualquer outro alimento. Por outro lado, muitos deles saíram dos jardins carregados de joias, móveis valiosos, poltronas douradas e relógios cravejados de pedras preciosas. Os milicianos armados dos grupos de assalto da Comuna prenderam os saqueadores e penduraram dezenas deles nos postes às margens do Sena. Dessa forma, ficou visível e declarado de forma muito concreta o valor central da burguesia, que permanece até hoje: a sagrada propriedade privada. Para os dirigentes da Comuna Insurrecional, pilhar e roubar constituíam atentados intoleráveis à propriedade privada... mesmo que a vítima do roubo fosse o rei odiado.

– Então o problema é a propriedade privada? Devia ter sido banida?

– Me parece que tudo falhou durante a última década do século XVIII, que foi quando as coisas deram errado. Sim, a Revolução Francesa, os jacobinos, a primeira República aboliram o poder absoluto da monarquia, destruíram definitivamente o feudalismo, libertaram os servos, estabeleceram a soberania do povo e deram, a uma grande parte da humanidade, esperança de uma vida mais livre e mais digna. A "Declaração dos direitos do homem e do cidadão", de 1789, e a instauração do estado laico que se seguiu e corroeu o poder absoluto da Igreja são conquistas da civilização que ainda hoje beneficiam dezenas de milhões de seres humanos pelo mundo. Mas a santificação da propriedade privada, fundamento da exploração capitalista, principalmente pelos jacobinos, levou ao desastre que, de forma terrível, sofremos hoje.

– Como não perceberam isso? Ninguém pensou em condenar a propriedade? Na escola estudamos a obra *Discurso sobre a origem e os fundamentos da desigualdade entre os homens*, de Jean-Jacques Rousseau, de 1755. No início tem uma passagem maravilhosa... E-spera, tenho o livro aqui, vou achar. Rousseau estava visivelmente irritado quando escreveu:

O primeiro que, tendo cercado um terreno, decidiu dizer "Isso é meu" e encontrou pessoas simples o suficiente para acreditarem foi o verdadeiro fundador da sociedade civil. Quantos crimes, guerras, assassinatos, misérias e horrores não teria poupado à humanidade quem, derrubando aquelas estacas ou abrindo uma vala, gritasse aos seus semelhantes: "Não ouçam esse impostor; vocês estarão perdidos se esquecerem que os frutos são para todos e que a terra não é de ninguém".

– Ah, sim, isso era o que pensava Rousseau sobre a propriedade privada. O principal culpado, eu acho, foi Maximilien Robespierre que, diante da Convenção Nacional, declarou em 24 de abril de 1793: "A igualdade dos bens é uma fantasia". E, alguns dias mais tarde, falando aos novos ricos, aos hábeis aproveitadores da miséria do povo, prometeu: "Não quero tocar em vossos tesouros". Robespierre estava então no auge do poder, uma das figuras de ponta dos "democratas", defendendo a abolição da escravatura e da pena de morte, o sufrágio universal, a igualdade de direitos. E mesmo assim...

– Mas por que Robespierre defendeu os ricos? O que ele ganhou?

– O presidente das Edições do Seuil, Olivier Bétourné, também é um historiador erudito e inteligente da Revolução Francesa e árduo defensor de Robespierre. Ele justifica assim a estratégia desastrosa de Robespierre: *a Revolução enfrentava a hostilidade das forças reais combinadas e a ameaça de invasão estrangeira comandada pelas monarquias europeias. A proteção da unidade nacional era, portanto, primordial. Daí a garantia absoluta concedida aos aproveitadores da propriedade privada, aos burgueses predadores.* Olivier Bétourné tentou me convencer de sua tese; apesar de toda a admiração que tenho por ele, me recuso a aceitar o mérito da posição de Robespierre.

– Por quê?

– Porque a propriedade privada, sua proteção absoluta, mesmo em função do interesse coletivo, constitui o cerne do problema, a fonte primária de um capitalismo monstruoso.

– Mas repito minha pergunta: ninguém, entre seus camaradas revolucionários, contradisse Robespierre?

– Sim, claro! Mas sem sucesso e com consequências trágicas. Muitos revolucionários tinham sido profundamente influenciados pelas ideias de nosso conterrâneo Jean-Jacques Rousseau. Graco Babeuf, Jacques Roux e outros se alinharam para contestar Robespierre violentamente, denunciando os privilegiados que lucravam com a Revolução, defendendo a abolição da propriedade privada, a coletivização das terras e dos meios de produção.

Não resisto ao desejo de citar algumas passagens do último discurso de Babeuf, um dos textos anticapitalistas mais justos, mais visionários que conheço:

Traiçoeiros ou ignorantes! Vocês gritam que é preciso evitar a guerra civil? Que não faz sentido lançar a semente da discórdia entre as pessoas? E que guerra civil é mais revoltante do que a que mostra todos os assassinos de um lado e todas as vítimas indefesas de outro? [...]

Que a luta comece no famoso capítulo da igualdade e propriedade! Que o povo derrube todas as antigas instituições bárbaras. Que a guerra do rico contra o pobre deixe de ter esse caráter ousado de um lado e covarde de outro. Sim, repito, todos os males estão no auge e não podem mais piorar. Eles só podem ser reparados por uma reviravolta total.

Vamos ver o propósito da sociedade, ver a felicidade comum e, depois de mil anos, mudar essas leis grosseiras.

– O que aconteceu com Graco Babeuf e seus amigos?

– Foram condenados à morte. Na véspera de sua execução, Babeuf tentou o suicídio. Estava meio consciente, coberto de sangue, com o queixo quebrado, quando foi arrastado para a guilhotina na manhã de 27 de maio de 1797. Robespierre já tinha morrido. Mas tinha aberto caminho à vitória dos capitalistas e ao seu caminho triunfal, após o império, de dominação sobre a primeira República, período chamado Diretório, e sobre todos os outros regimes que os sucederiam na Europa e nos vastos recantos do mundo. Com as consequências desastrosas que conhecemos hoje.

IV

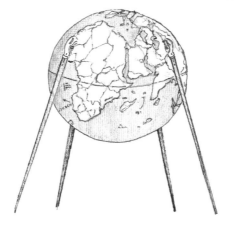

– Jean, no seu animado debate com Brabeck na televisão, você o chamou de oligarca. Entendi que isso quer dizer que ele pertence ao pequeno grupo de pessoas que detêm o poder. Mas que poder elas têm? E como exercem esse poder?

– Explico, Zohra. A tendência à multinacionalização e ao monopólio do capital constitui o modo de produção capitalista. A partir de determinado nível de desenvolvimento de força de produção, essa tendência se impõe como uma necessidade. Ela se torna imperativa.

– Não entendo estas palavras: "monopólio", "multinacionalização", "tendência necessária", "imperativa"... Me explica isso também?

– Monopolizar significa se apropriar do capital disponível em uma economia, eliminar a concorrência, se tornar o único capaz de produzir determinado tipo de produto, de fixar os preços etc. E multinacionalização indica que essa apropriação se dá por todo o planeta, livre de fronteiras, e não mais dentro de economias nacionais isoladas. Esses dois movimentos – monopolização e multinacionalização – são induzidos pela concorrência e pela busca do lucro máximo.

A criação de empresas gigantescas, presentes em diversos continentes e empregando centenas de milhares de pessoas, decolou em verdade na última década do século XX.

– Por que foi precisamente nesse período que essa monopolização e multinacionalização aconteceram?

– Dois eventos tiveram papéis decisivos. Em 1991, aconteceu a implosão da União Soviética e seu império. Até aquele momento, um em cada três habitantes de nosso planeta vivia sob um regime comunista. Nascida da revolução de outubro de 1917, na Rússia, e da tomada do poder pelos conselhos de trabalhadores (ou sovietes), a União Soviética constituiu, após a Segunda Guerra Mundial e sua vitória sobre a Alemanha nazista, um bloco chamado "comunista", que

38   O capitalismo explicado às crianças

se opunha aos Estados ditos "capitalistas". A União Soviética evidentemente não merecia o bom nome de comunista: sob o pretexto da ditadura do proletariado, esse regime se caracterizava pela opressão elitista de uma casta e a submissão forçada da multidão. O mesmo acontecia em diversos países ligados a esse bloco. Mas havia uma bipolaridade no mundo, dividida em dois campos, em dois universos hostis, separados um do outro por uma cortina de ferro em Berlim. A queda do muro de Berlim, em novembro de 1989, e a implosão da União Soviética dois anos mais tarde puseram fim a essa divisão territorial e política do planeta.

Até aquele momento, o modo de produção capitalista estava confinado a um território demarcado. A partir de 1991, ele conquistou o mundo, criou uma instância única de regulação – a mão invisível do mercado – e abriu o caminho ao desenvolvimento de empresas gigantescas.

– Você falou de dois eventos...

– A segunda "circunstância favorável" ao desenvolvimento dessas gigantescas empresas transnacionais que dominam a economia do planeta é a incrível sucessão de revoluções tecnológicas no campo da eletrônica, informática, astrofísica e telecomunicações que foram produzidas graças à criatividade dos homens, em especial no Ocidente, por volta do final do século XX. O primeiro satélite artificial, o Sputnik

I, foi lançado pela União Soviética em 1957. E logo depois, em 1964, uma empresa multinacional, a Intelsat, foi capaz de fornecer os primeiros serviços de telecomunicações por satélite. Desde então, milhares de satélites de telecomunicações orbitam a Terra continuamente. Ao mesmo tempo, foram criados enormes computadores possibilitando a gestão de operações financeiras e comerciais incrivelmente complexas, de modo infinitamente rápido. Esses instrumentos permitiram a administração simultânea de inúmeros diferentes negócios. Assim, o ciberespaço unificou o planeta.

Hoje em dia, por exemplo, um funcionário da matriz da UBS (uma empresa de serviços financeiros com sede na Suíça), na praça Paradeplatz, em Zurique, corresponde-se com a sucursal de seu banco em Tóquio na velocidade da luz, algo em torno de 300 mil quilômetros por segundo.

– É hiperimpressionante. Você já falou das performances do capitalismo que, ao que parece, o devoram. Então foi graças à queda da União Soviética e a todas essas invenções que se chegou a esse patamar?

– Você sabe que entre 2000 e 2008 fui o primeiro relator especial da ONU pelo direito à alimentação. Por causa disso, fui convidado ao palácio de vidro e aço, às margens do lago Léman, em Vevey, na Suíça, onde se encontra o quartel general mundial da Nestlé. Ali, um enorme mural exibe as centenas de fábricas, depósitos, lojas e centros de lucros da Nestlé espalhados pela face da Terra. Inúmeras lâmpadas pequenas de cores diferentes piscam no mural. Como um excelente professor, o diretor que me acompanhava explicou: "Aqui estão todas as nossas atividades, em tempo real, em todos os continentes... Visíveis num relance... O milagre dos computadores modernos. [...] Quer saber quantas garrafas de Perrier produzimos hoje em nossas instalações em Marselha? Garrafas de Pure Live em Karachi? O número de nossos funcionários nos Estados Unidos, o volume de hectolitros de leite tratados esta manhã por nossa empresa Chiprodal, no Chile? Eu lhe mostro o botão correspondente..."

Esses imensos impérios, cuja construção e gestão diária foram possibilitados pelo surgimento dos satélites artificiais de telecomunicações e pelos computadores incrivelmente potentes, geram mais-valia e, portanto, capitais astronômicos. Os ativos do balanço da empresa petrolífera ExxonMobil é superior ao produto interno bruto (PIB) da Áustria, o da General Motors é maior que o PIB da Dinamarca.

Entre todas as formas de capital existentes – capital industrial, comercial, imobiliário etc. –, um é automatizado: o capital financeiro. E gostaria de falar sobre isso agora.

– O que é capital financeiro? Eu pensava que o capital fosse sempre definido como sendo uma quantidade de dinheiro, portanto, um capital financeiro.

– Não. Por conveniência, é feita uma distinção entre "capital econômico", o que eu já expliquei, e "capital financeiro". As centenas de bilhões de euros ou dólares de reservas líquidas das empresas transcontinentais privadas fazem parte do capital financeiro. Sozinho, esse capital domina o mundo hoje e se impõe a todas as outras formas de capital. Ele não corresponde a ativos adquiridos pela produção e venda de mercadorias, mas a transações estritamente financeiras. Explico... A casa desse capital é a Bolsa de Valores. Sabe o que é a Bolsa?

– É uma instituição onde se vendem e compram as ações, não é? Com corretores gritando, como vemos nos filmes norte-americanos...

– A Bolsa, na verdade, é uma instituição da economia de mercado capitalista onde ativos são trocados (mercadorias, matérias-primas, moedas, títulos etc.), onde se fixam preços, onde se fazem negócios. O capital financeiro não dorme nunca. Os operadores desse mercado são movidos por drogas, sejam elas lícitas ou ilícitas, porque é absolutamente necessário ser eficiente e manter um ritmo ofegante. Quando corretores da Bolsa de Tóquio caem na cama, seus colegas de Londres, Frankfurt e Paris já estão colados em suas telas, com os olhos febris, perseguindo o ganho especulativo do momento. E, quando os corretores europeus estão exaustos, são os especuladores de Nova York, Montreal e Chicago que correm para seus computadores. A velocidade da circulação de informações encolheu o planeta. Ela aboliu as relações espaço-temporais tradicionais, os elos de tempo e espaço que caracterizavam as civilizações precedentes.

E acima de tudo: o capital financeiro criou uma verdadeira ditadura sobre toda a economia mundial. Qualquer industrial, por mais poderoso que seja, qualquer dono de um império comercial, hoje, depende da Bolsa de Valores. Para criar sua empresa, ou para desenvolvê-la, ele precisou apelar para investidores que receberam em troca ações. Sua empresa é listada na Bolsa, e o valor de suas ações – em inglês, *shareholder value;* em português, "valor para o acionista" – está sujeito ao mercado. Fixado a cada momento pelos operadores das Bolsas de Tóquio ou Nova York, o valor das ações determina não apenas as decisões de gestão do empresário, como também sua carreira pessoal.

– Quem administra tudo isso?

– A primeira coisa que o chanceler alemão e o presidente dos Estados Unidos fazem ao chegar ao escritório todas as manhãs é consultar os dados de mercado do dia anterior para saber qual a milimétrica margem de ação que eles têm disponível para administrar sua política fiscal e de investimentos.

Quer saber quem administra a economia mundial? Bem, são precisamente os "oligarcas", os detentores do capital financeiro globalizado, o pequeno grupo de homens e mulheres de nacionalidades, religiões e culturas diferentes, mas que são movidos por uma mesma vitalidade, uma mesma ganância, um mesmo desprezo pelos fracos, uma mesma ignorância sobre o bem público, uma mesma cegueira com relação ao planeta e ao destino dos homens que aqui vivem. Por seu poder e riquezas, eles são os verdadeiros donos do planeta.

– Jean, achei que tinha entendido que os sindicatos de trabalhadores e os partidos de esquerda tinham conseguido impor um mínimo de normas e regras de conduta a esses que você chama de "donos do planeta"...

– Hoje em dia, Zohra, a luta sindical está mais difícil do que nunca. O tempo em que os trabalhadores conheciam seus patrões ficou para trás. Em 1892, em Carmaux, no Tarn, 3 mil mineiros e vidreiros lideraram uma das greves mais difíceis da história da França em defesa de seus direitos. Jean Jaurès denunciou publicamente os proprietários das minas: o marquês de Solages e o barão Reille. Por fim, a opinião pública os obrigou a ceder aos mineiros.

Algo assim não é possível atualmente. Os oligarcas, os fundos de investimentos e outros acionistas principais que são donos das fábricas, dos comércios, dos bancos e das sociedades anônimas seguem escondidos. São raras as pessoas que conhecem suas verdadeiras identidades. Anônimos, portanto, invisíveis, costumam viver a milhares de quilômetros de suas empresas. Nessas condições, é bem difícil identificá-los para mobilizar a opinião pública contra eles.

– Mas, Jean, ainda não entendo como funciona de verdade essa onipresença dos oligarcas. É totalmente injusto! Como fazem para se impor em todos os lugares, mesmo aos Estados que têm leis, polícia e forças armadas?

– Vou lhe dar um exemplo que eu mesmo vivenciei. É um pouco longo, mas você precisa entender o que as pessoas passam frente à onipotência de alguns ricos.

Como relator especial das Nações Unidas pelo direito à alimentação, uma das minhas missões mais perigosas e complicadas me levou à Guatemala. É um país de incrível beleza que se estende por mais de 100 mil quilômetros quadrados de florestas densas, planícies costeiras férteis, cadeias vulcânicas e planaltos rochosos entre o Oceano Pacífico e o Mar do Caribe. Cerca de 15 milhões de pessoas vivem lá, a maioria oriunda da antiga civilização maia. Na costa do Pacífico estendem-se, até onde os olhos alcançam, plantações de banana, tomate, melão, abacaxi, abacate e kiwi, que pertencem a empresas transcontinentais privadas como United Fruit, Del Monte Foods, Unilever, General Food etc. Na encosta da montanha, em platôs, crescem as plantações de café. Os trabalhadores maias que não são contratados sazonalmente por um salário miserável nas *fincas*, nas plantações de propriedade dos estrangeiros ou de latifundiários locais, são obrigados a viver com suas famílias nos planaltos rochosos. À beira de desfiladeiros, no cume das *quebradas*, nas encostas íngremes, eles cultivam alguns talos de milho, criam porcos famintos, cavam poços e tentam sobreviver. Eles se abrigam em cabanas de palha que se desfazem quando os tufões sazonais atingem a América Central. Até o fim da vida, vou me lembrar dos dias que passei com meus assessores, os intérpretes, os seguranças da ONU, na serra de Jocotán. Em um dia claro é possível ver, 2 mil metros abaixo, a "terra negra": as plantações da empresa americana Del Monte, alinhadas por dezenas de quilômetros.

Por causa do intenso calor, precisamos trabalhar principalmente à noite. Estávamos lá para tomar conhecimento da situação, mas as mulheres maias, famintas, sem dentes, com belos olhos negros, os homens, os adolescentes, todos permaneceram em silêncio, se mostrando muito hostis, com os olhos voltados para o chão. No final da terceira noite, por fim, um milagre aconteceu. Fomos convidados a nos sentar nos bancos de madeira no meio da praça. Um círculo de homens se formou ao nosso redor. Os mais velhos falaram primeiro. Sentimos a surpresa deles. Nossa visita os intrigava, os inquietava, talvez, mas começava também a interessá-los.

Os brancos, com grandes carros cor de neve, enfeitados com uma bandeira azul, sem armas na cintura, sem arrogância, mulheres e homens estrangeiros que, aparentemente, queriam apenas conversar, conhecer suas condições de vida, escutá-los, anotar suas propostas, talvez fossem até pessoas simpáticas... Os aldeões, é claro, não tinham ideia do que era a ONU. Mas o branco que os interrogava por intermédio dos intérpretes tinha um ar poderoso: tinha chegado num daqueles carros grandes, e os homens e mulheres que o acompanhavam usavam roupas bonitas. Aos poucos, a confiança se instaurou. Compartilhamos com eles os alimentos que tínhamos levado.

Hoje, na Guatemala, 1,86% dos proprietários de terras estrangeiros e locais, juntos, possuem 67% das terras cultiváveis. No país existem 47 propriedades imensas que se estendem, cada uma, por mais de 3.700 hectares. Cerca de 90% dos donos de terras tentam sobreviver em lotes de 1 hectare ou menos.

Pouquíssimas vezes em minha carreira de relator especial trabalhei tanto em um relatório e suas recomendações como no que fizemos sobre a Guatemala. As principais recomendações que dirigimos ao Conselho de Direitos Humanos e depois à Assembleia Geral das Nações Unidas foram: estabelecer um cadastro rural e implementar uma reforma agrária; retirar dos tribunais militares a jurisdição de julgar os conflitos relativos à terra; proteger, através de um artigo na

Constituição, o direito das comunidades nativas de dispor livremente da superfície e do subsolo das terras que habitam; criar um banco de crédito agrícola; legalizar o direito à greve dos diaristas agrícolas sazonais; legalizar os sindicatos dos trabalhadores das plantações; estender o seguro-desemprego aos trabalhadores sazonais e rurais.

– Você conseguiu tudo isso? Parabéns!

– Não, precisamente não! Na ONU, todo relatório deve ser entregue ao secretário geral no prazo de seis meses após o fim da missão. O secretário geral o ratifica e o leva para debate e decisão ao Conselho de Direitos Humanos e depois à Assembleia Geral. Se as recomendações são votadas, elas se tornam novas normas do direito público internacional.

Eu sabia que as chances de vitória eram mínimas. Os inimigos estavam atentos, poderosos, determinados e bem organizados. A derrota estava programada: nas Nações Unidas, o embaixador dos Estados Unidos, um bilionário da indústria farmacêutica do Arizona, me atacou violenta e pessoalmente, me acusando de propor medidas "comunistas" destinadas a sabotar a propriedade privada e a paralisar o jogo livre de mercado...

Toda reforma agrária é excomungada pelos capitalistas, uma violação inadmissível da santa liberdade do mercado e da propriedade privada. As empresas transcontinentais privadas de origem norte-americana tinham feito seu trabalho: o embaixador era o papagaio deles. O governo de Washington tem muitos satélites e lacaios nas Nações Unidas. E não teve problemas, tanto no Conselho de Direitos Humanos como na Assembleia Geral, para mobilizar uma maioria de vozes hostis. As empresas transcontinentais norte-americanas tinham decidido afundar minhas recomendações. E assim foi feito.

– Mas, então, não podemos fazer nada? Que horror!

– Você não vai acreditar. Independente do império espanhol desde 1825, a Guatemala ainda não tem registro imobiliário. Um proprietário latifundiário que deseja expandir seu domínio envia *pistoleiros* para a aldeia maia vizinha; eles matam alguns camponeses, algumas mulheres ou adolescentes. As famílias restantes, em pânico, fogem para a montanha. Sem cadastro rural, não existe qualquer meio técnico para realizar uma reforma agrária ou qualquer redistribuição da terra porque, precisamente, os limites exatos da terra não são conhecidos. A Unicef, o Fundo das Nações Unidas para a Infância, publicou seu último relatório sobre as crianças da Guatemala em 2015. Naquele ano, 112 mil crianças de menos de 10 anos morreram de fome no país.

– Mas essas empresas multinacionais da América Central são horríveis!

– Com certeza, Zohra! Mas não são as únicas a agir assim. Os donos do capital financeiro globalizado fazem o mesmo na África. Quer um exemplo?

– Sim. Estou ouvindo.

– Eu sempre me recusei a ter um celular. Cada vez que vejo o telefone preto da sua avó Érica sobre a mesa de nossa casa, em Russin, penso em Kivu. Kivu é uma região maravilhosa de savanas e de lagos aos pés das cadeias vulcânicas do maciço Virunga, ao leste do Congo. Lá, nos enclaves de mineração protegidos por milicianos fortemente armados, empresas privadas exploram coltan. Hoje em dia, esse mineral mais precioso do que prata e ouro é utilizado em cabines de aeronaves, em telefones celulares e em milhares de outros objetos essenciais aos habitantes de países industrializados. Há um problema: o acesso a esse mineral é particularmente difícil, os poços às vezes são tão estreitos que apenas crianças com corpos frágeis conseguem descer. Os veios de coltan estão situados a 10 ou 20 metros abaixo da terra. A rocha é quebradiça, e os deslizamentos, numerosos. Então as crianças são enterradas vivas, sufocadas nos poços. Recrutadores de mão de obra, contratados pelos donos dessas minas, andam incansavelmente pelos vilarejos de Kivu do Norte para recrutar crianças.

O inferno das minas é conhecido por todo o leste do Congo. As mães sabem e as crianças entre 10 e 12 anos também. Eles tremem de pavor só de ouvir falar dos poços. Em Kivu há fome, guerra civil, saques de milicianos, roubo de plantações de mandioca etc. Muitas crianças sabem que descer na mina constitui a única chance de sobrevivência da família. Apesar do terror inspirado pelo túnel estreito, a maior parte dessas crianças segue o recrutador...

– Mas o Estado congolês não faz nada para proteger a população?

– O Estado congolês não existe em Kivu. Para citar um exemplo, o coltan é carregado em caminhões registrados em Ruanda, que passam pela fronteira – chamada de "grande barreira" – de Goma, no Congo, e partem para Ruanda, em direção a Ruhengeri, depois se reúnem em Kigali; em seguida saem de Ruanda, entram no Quênia e seguem para o porto de Mombasa, no Oceano Índico. De lá, o carregamento precioso vai para os mercados industriais do Japão, da China, Europa e América do Norte. O domínio da Glencore, Freeport-McMoRan, Rio Tinto e outras empresas transcontinentais assume muitas formas no Congo. Glencore também explora imensas minas de cobre. O sistema é diferente do coltan: pequenas empresas locais extraem o mineral. Intermediários compram e revendem para a Gécamines, a Companhia Geral de Pedreiras e Minas que pertence ao estado congolês e é muito corrupta. Ela revende o mineral às empresas transcontinentais.

Jamais vou me esquecer dos olhares assustados, dos corpos famintos de crianças e adolescentes que trabalhavam por um salário miserável nas minas de coltan, de Kivu, sob a ameaça permanente dos fuzis dos milicianos. A região tem entre 60 e 80% das reservas mundiais desse mineral estratégico. A única vez, num passado recente, em que a grande imprensa internacional se interessou por Kivu foi no Natal de 2000. O famoso PlayStation 2 da Sony desapareceu das lojas europeias por causa da falta de tântalo, que é um produto do coltan.

– E essas crianças escravizadas, ninguém cuida delas?

– As centenas de meninos e meninas que conseguem escapar dos campos de mineração da floresta vagam pelas ruas de Bukavu e de Goma. Pouquíssimas organizações humanitárias tentam ajudar essas crianças, cuidar de suas feridas, alimentá-las e abrigá-las. Uma das mais eficazes é a Voix Libres, dirigida por uma incrível suíça, Marianne Sébastien.

– E ninguém faz nada para deter esse comércio criminoso?

– O presidente dos Estados Unidos, Barack Obama, conseguiu passar no congresso uma lei que determinava o rastreio de minerais extraídos em condições desumanas. Esses *conflict-minerals* (minerais da guerra), como ele chamava, não deviam mais ter acesso ao mercado norte-americano.

– E isso não funcionou? As coisas não mudaram?

– Na verdade, não... A maioria desses minerais pode ser derretida e então misturada aos minerais "legais". Além disso, as gigantes da mineração que dispõem de enormes recursos fizeram de tudo para sabotar a lei Obama. A Glencore, o maior conglomerado de mineração do mundo, registrou sua *holding*, quer dizer, a matriz que engloba todos os seus "centros de lucro", na Suíça, no Cantão de Zug. No entanto, nesse paraíso fiscal, o imposto anual de uma holding é de 0,2% sobre os lucros. No império da Glencore, o sol também nunca se põe...

– Como as empresas mineradoras contornaram as leis? Isso deve ter sido bem complicado!

– Nem se preocupe, Zohra! Elas não precisam mais se aborrecer. Mobilizaram com perfeição o imenso poder que têm em Washington. O presidente Donald Trump, que sucedeu Obama, se curvou perante as gigantes da mineração. Ele aboliu a lei.

– Quer dizer que essas empresas capitalistas são mais poderosas que o mais poderoso Estado do mundo?

– Exatamente! Você entendeu. Mas voltemos ao Congo... Não existe nenhuma autoridade pública no leste do Congo, um território equivalente a mais de duas Franças. Muitos dos donos das minas não pagam nem a licença para exploração, nem taxas de exportação, nem um centavo de imposto. Localizada na margem norte do lago Kivu, à sombra dos mais altos vulcões Virunga, Goma é uma cidade de quase 400 mil habitantes. Pois bem, nessa cidade não existe um hospital em boas condições de funcionamento; falta a maior parte dos medicamentos de uso diário; uma criança picada por uma cobra venenosa, ou vítima de uma infecção, morre ali.

– Detesto esses bandidos sem coração!

– Detestar não adianta nada, Zohra. É preciso entender. Jean-Paul Sartre – acho que você já ouviu falar dele na escola – escreveu: "Para amar os homens, é preciso detestar o 'que' os oprime". A palavra-chave é "que", e não "quem". O problema não é a qualidade moral ou psicológica desses donos do mundo, ou mesmo sua intenção subjetiva. Não se trata de saber se a ou o presidente da Del Monte, Goldman-Sachs, Unilever, Texaco ou Glencore são pessoas boas ou más. Todos estão sujeitos ao que chamamos em sociologia de "violência estrutural". Se o presidente da BNP Paribas, ou o da Sanofi, não aumentar o valor de suas ações na Bolsa – o que chamam de retorno do capital, o valor para o acionista – em 10 ou 15% ao ano, ele será demitido nos três meses seguintes.

Sartre afirmou: "Conhecer o inimigo, combater o inimigo". Então repito: detestar as pessoas individualmente não adianta nada, é preciso tentar compreender a ordem capitalista do mundo, que é uma ordem canibal. Meu colega e amigo de Boston, Noam Chomski, chama as empresas transcontinentais privadas de "gigantes imortais". Eu as chamo mais mundanamente de "monstros frios".

– Jean, se a humanidade depende da onipotência dos oligarcas; se os oligarcas são impiedosos com ela, mas também impiedosos entre eles, a humanidade não está em perigo?

– É exatamente o que eu acho. As oligarquias do capital financeiro globalizado decidem todos os dias quem tem o direito de viver neste planeta e quem está condenado à morte. A política delas é marcada por um pragmatismo extremo e com muitas contradições internas. Dentro delas, facções opostas lutam entre si. A concorrência mais acirrada percorre todo o sistema. Internamente, os donos travam batalhas homéricas.

Suas armas são as fusões forçadas, a transferência de empresas, ofertas públicas hostis de aquisição, estabelecimento de oligopólios, a destruição do adversário através do *dumping* ou de campanhas de desinformação. O assassinato é mais raro, porém os senhores não hesitam em recorrer a ele, se necessário.

Mas, se o sistema capitalista no todo ou em segmentos essenciais é ameaçado, ou simplesmente contestado, os oligarcas e seus lacaios formam um bloco. Movidos pelo desejo de poder, pela ganância e intoxicação de comando sem limites, eles defendem a privatização do mundo, com unhas e dentes. Isso lhes proporciona privilégios extravagantes, inúmeros benefícios e fortunas pessoais astronômicas. Daí meu fracasso na Guatemala...

– Mas por que os governos desses países explorados não protestam? Eles são impotentes frente a tanto poder financeiro?

– Sua pergunta faz sentido. Na verdade, os oligarcas não são os únicos culpados. Às destruições e sofrimentos impostos aos povos pelos predadores do capital financeiro globalizado por seu império militar e suas empresas comerciais e financeiras mercenárias, se juntam os que provocam a corrupção e prevaricação frequente, em grande escala, em diversos governos, em especial do Terceiro Mundo. Pois a ordem mundial do capital financeiro não pode funcionar sem a cumplicidade ativa e a corrupção dos governos no poder. Walter Hollenweger, teólogo de Zurique, resumiu assim essa situação: "A ganância obsessiva e ilimitada dos ricos daqui, aliada à corrupção praticada pelas elites de muitos países chamados 'em desenvolvimento', constitui um gigantesco plano de assassinato. [...] Em todo o mundo, todos os dias, o massacre dos inocentes de Belém é reproduzido".

V

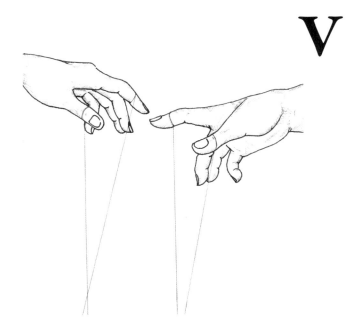

— Você diz que o capitalismo é um sistema mundial. Isso quer dizer que eu e você vivemos nesse sistema. No entanto, não somos infelizes!

— Você e eu estamos imersos nele. Mas, dentro desse sistema profundamente desigual, estamos do lado dos que sofrem menos. Falamos da globalização, do reinado planetário desses oligarcas detentores do capital financeiro globalizado...

— Sim, entendi...

— Bem, o termo "globalização" pode induzir ao erro. Os capitalistas não criaram nem governam um mundo homogêneo, mas sim um mundo que se parece mais com um arquipélago.

– O que isso quer dizer? A Suíça não é uma ilha!

– É uma metáfora. Na verdade, um arquipélago é um conjunto de ilhas próximas umas das outras e que têm ligações importantes entre si. Por analogia, alguns sociólogos falam de um "arquipélago econômico" para designar as redes econômicas e financeiras das metrópoles, dos grandes centros industriais do planeta, que mantêm entre si poderosas relações de interdependência e que se sobrepõem aos mosaicos dos Estados nacionais. Entre essas ilhas de prosperidade, países inteiros desaparecem da história. São como navios fantasmas. Você, por outro lado, vive numa das ilhas mais prósperas desse arquipélago, a Europa Ocidental. Vivemos no sistema capitalista. Nossa vida coletiva é caracterizada atualmente pela sociedade de consumo.

– Sim, claro, já falamos disso em sala de aula. A publicidade, a moda, tudo isso é para nos estimular a comprar... Quando passeio na cidade ou naqueles imensos centros comerciais da França, me pergunto quem vai comprar toda aquela tonelada de produtos...

– A sociedade de consumo é um tipo de sociedade bem particular. Os capitalistas a criaram depois da Segunda Guerra Mundial, nos anos 1950-1960, no seio das ilhas de prosperidade do arquipélago. Depois da guerra, foi preciso reconstruir uma economia de paz. Para manter o capitalismo vivo, para garantir a acumulação de capital e gerar contínuo aumento de lucros, era necessária uma produção sempre mais importante, diversificada, competitiva e inovadora a um ritmo acelerado. Resultado: a sociedade de consumo forneceu "abundância" aos seus habitantes. Seu deus é o produto. Os consumidores vendem sua alma a ele.

A sociedade de consumo é baseada em alguns princípios simples: seus membros são clientes estimulados a comprar, consumir, jogar fora e comprar de novo bens nas maiores quantidades possíveis, mesmo que não precisem realmente deles. Esses produtos são projetados para durar pouco tempo.

Sua avó Érica me conta sempre que, quando era jovem, ela e as amigas gastavam fortunas em meias que desfiavam com muita facilidade. A questão é que as meias de *nylon* colocadas no mercado nos anos do pós-guerra eram tão resistentes, que as vendas caíram. Os fabricantes então mudaram a dosagem dos componentes do *nylon*: as meias começaram a desfiar. As pobres mulheres precisavam substituí-las quase toda semana.

E veja os telefones celulares de hoje! São objetos muito frágeis. E cada modelo novo tem funções cada vez mais sofisticadas. Um software supera o outro! Então, você logo precisa comprar um novo aparelho. Os celulares são programados para serem trocados o mais rapidamente possível.

A redução proposital da vida de um objeto para aumentar seu ritmo de substituição é chamada de "obsolescência programada". Alguns fabricantes investem em tesouros de engenhosidade para deixar seus produtos menos duráveis e vender mais. O que aconteceria se nossas lâmpadas durassem vinte anos? Os fabricantes de lâmpadas poderiam falir. É evidente que, por causa disso, os industriais, de certa forma, concordaram em programar o tempo de vida de seus produtos. Na França, por exemplo, a cada ano 40 milhões de produtos quebram e não são consertados. Milhares de toneladas no lixo! Agora os governos estão preocupados... por causa do custo e dos danos ambientais causados pelo "despejo" dos resíduos.

– Você disse que as pessoas compram coisas de que não precisam. Percebo que também faço isso. Então os consumidores são levados a consumir além de suas necessidades. Somos idiotas? É o poder da moda? No meu caso, vejo que é o desejo se ser igual às minhas amigas...

– Na verdade, é a própria sociedade de consumo que se encarrega de definir suas necessidades. Todos os dias novos desejos são criados, alimentados, implantados na cabeça do consumidor.

A moda de roupas – inclusive para vocês, jovens – muda todos os anos. Provavelmente você tem muitos amigos que têm vergonha de andar por aí com jeans, camisetas e jaquetas fora de moda. Você também, para se sentir bem, precisa estar na moda. E os pais precisam encarar tudo isso! Os instrumentos que os capitalistas usam para criar essas necessidades se chamam "marketing" e "publicidade", duas das atividades mais nefastas e mais idiotas inventadas pelos homens. Veja em sua cidade, Choulex: na maioria das caixas de correio das casas há um adesivo: "Sem publicidade, por favor!".

– É verdade, tem um na nossa caixa de correio também.

– Sim, mas no final das contas isso não faz muita diferença, a não ser o alívio de um incômodo legítimo pelo acúmulo de impressos inúteis na caixa de correio, convidando-nos a consumir. Os publicitários são espertos. Perseguem o consumidor aonde quer ele que vá, o cercam, o perturbam por telefone, impõem a ele o que chamam de sua "mensagem".

Na televisão, antes de assistir ao noticiário ou a um programa que lhe interessa, você tem que ver uma infinidade de "mensagens" idiotas. A mesma coisa no cinema. Para ver um filme, é preciso aguentar antes, e durante pelos menos uns vinte e cinco minutos, um desfile de anúncios publicitários, cada um mais imbecil que outro. Na internet é pior ainda. E, como boa parte das pessoas vive com os olhos grudados nos celulares, são permanentemente bombardeadas por mensagens subliminares, quer dizer, que agem abaixo de seu nível de consciência. Essas mensagens realmente afetam seu comportamento.

– O que devo fazer contra essas publicidades? Adoro ir ao cinema!

– Você não pode fazer nada além de fechar os olhos, tapar os ouvidos, tratar o anúncio com desdém, resistir. As publicidades estão em todos os lugares. Elas poluem o espaço público. Grupos de cidadãos se formaram, em especial na França, para liberar o espaço público e proibir anúncios. Em vão! A santa liberdade do mercado confundiu as autoridades, que votaram contra os cidadãos e a favor do uso controlado. No entanto, foram votadas leis que regulamentam a exibição de publicidade em áreas urbanas. É melhor do que nada, claro, mas...

Os mercenários do *marketing* e da publicidade assumiram um papel essencial nessa sociedade de consumo: eles criam, despertam e inspiram o desejo de consumir; eles orientam o comportamento dos consumidores; eles fazem do *shopping* – uma palavra inglesa que surgiu com a ascensão da sociedade de consumo – um passatempo, um objetivo turístico, um prazer em si. Pergunte ao seu irmão Theo, que é capaz de passar horas numa fila em frente às lojas de adolescentes para comprar a roupa da última moda, apesar de todas as minhas advertências! E tudo isso para maior lucro dos produtores e divulgadores, ou seja, dos capitalistas.

– Mas as pessoas estão felizes!

– É normal que as pessoas fiquem felizes em poder satisfazer seus desejos, mesmo os criados por outros, os "implantados" em seus cérebros por "estranhos".

Infelizmente, essa economia da abundância tem um lado sombrio: a exploração de matérias-primas e de energia necessárias à produção desses produtos, a desigualdade do acesso à abundância, a gestão dos rejeitos, a indução de mentes ao consumo individual necessariamente egoísta, a ansiedade de manter a renda necessária à essa forma de consumo, a desvalorização e até mesmo a eliminação do valor de uso. E três quartos dos habitantes do planeta não têm acesso a essa abundância.

– Mas o que eu posso fazer? Não quero ser cúmplice, mesmo inconscientemente e contra a minha vontade, dessa sociedade!

– Pense nas roupas que você veste! Seus pais as compram em grandes lojas, de marcas bem conhecidas. Essas lojas pertencem a empresas produtoras onde, praticamente tudo, roupas, sapatos e acessórios, é confeccionado ao menor preço possível nas "zonas especiais de produção", em Bangladesh, na China, nas Filipinas, em Taiwan. Algumas, como a Zara, focaram ao mesmo tempo em qualidade, baixo preço e quantidade. Elas conquistaram em pouco tempo um mercado imenso, porque vendem roupas de boa qualidade, em grandes quantidades a preços inacreditavelmente baixos, o que mata a concorrência.

Visitei Bangladesh e sua capital, Daca, como relator especial das Nações Unidas pelo direito à alimentação. Jamais vou esquecer aqueles quartéis de concreto cinza com dez ou doze andares, com janelas quebradas, mobília suja, escadas estreitas e bambas, que desfiguram os arredores da capital. Durante vinte e quatro horas por dia, grupos de jovens garotas se revezam em frente às máquinas de costura. Bangladesh tem cerca de 6 mil fábricas de roupas. Elas são de propriedade de empresários indianos, de Bangladesh, de Taiwan, da Coreia do Sul, que são verdadeiros abutres. Os escravos cortam e costuram jeans, vestidos, calças, camisas, camisetas, roupas íntimas, fabricam sapatos e bolas de futebol para as maiores marcas mundiais. As empresas transcontinentais de vestuário, e seus subcontratados asiáticos em Bangladesh, estão obtendo lucros astronômicos.

A ONG suíça Public Eye analisou a evolução do valor agregado produzido por essas mulheres. Um jeans da marca Spectrum-Sweater é vendido em Genebra por 66 francos suíços, algo em torno de 54 euros. Desse valor, a costureira de Bangladesh recebe, em média, 25 centavos de euro. Em 2016, o salário-mínimo oficial em Bangladesh era de 51 euros por mês. Segundo a Federação Sindical Ásia Floor, seria necessário um salário mensal de 272 euros para garantir o mínimo necessário a uma família de quatro pessoas. Não apenas as costureiras que fazem as roupas sofrem com desnutrição e miséria. Esses quartéis de cimento onde trabalham, sem manutenção, acabam desabando. Em 2013, o prédio Rana Plaza, uma fábrica de roupas de dez andares em Daca, desabou enterrando 1.138 pessoas sob os escombros, em sua maioria, garotas. Nenhum responsável foi condenado.

– Sei que outras coisas são fabricadas assim, longe daqui e a preços baixos. Por exemplo, brinquedos...

– Claro, Zohra, é o sonho da maioria dos capitalistas: para obter lucro, é preciso fabricar a um custo baixo, com trabalhadores mal pagos, e ter um vasto mercado à disposição nos países prósperos para escoar os produtos. Não é difícil imaginar em que setores isso funciona melhor: vestuário, brinquedos, telefones celulares etc.

Um dos maiores riscos que os operários do Ocidente correm hoje em dia é a transferência das fábricas para países onde os salários são mais baixos e a proteção social é pouca ou quase nenhuma. Eles também estão pagando o preço pelo desemprego, que se torna permanente.

– Ninguém pode fugir da sociedade de consumo?

– Enquanto os capitalistas reinarem sobre o planeta, não. Você não faz parte do sistema apenas por causa do consumo sob encomenda, o capitalismo tem você de mil outras maneiras.

Os capitalistas estão destruindo o planeta sistematicamente. Onde quer que você viva no arquipélago, a poluição pode lhe matar ou, pelo menos, deixá-la gravemente doente. Em diversas metrópoles, o ar se tornou irrespirável porque está cheio de substâncias tóxicas atacando as vias respiratórias e causando câncer. Da mesma forma, a água poluída nas nascentes, nos lençóis freáticos e nos rios envenena e deixa milhões de seres humanos doentes em todo o mundo. E a contaminação da água, ou o saneamento insuficiente, não mata apenas nos países do Terceiro Mundo...

Nos países industrializados, funcionários e trabalhadores estão em contato constante com materiais tóxicos – como amianto, por exemplo, um produto mineral utilizado principalmente no cimento, nos materiais de isolamento, e cuja absorção pelas vias respiratórias provoca câncer. A poluição no ambiente de trabalho também leva à doença, ao sofrimento e à morte.

– Então eu sofro os danos do capitalismo mesmo na Suíça, mesmo em Choulex, em pleno interior?

– Claro! Veja o alimento. Sei que seus pais evitam alimentos industrializados congelados. Eles compram legumes e frutas frescas no mercado. Mas o alimento envenenado pelos pesticidas está por todo o lado. É difícil evitar esses venenos. Ano passado, os agricultores franceses despejaram dezenas de milhares de toneladas de pesticidas em suas terras, que depois acabaram nas uvas, nas cenouras, no leite etc.

Para proteger bezerros e porcos contra infecções e, portanto, para se proteger da ruína financeira, a maioria dos fazendeiros enche o gado de antibióticos... que vão parar nas costeletas e nos bifes das prateleiras de açougues.

Segundo uma pesquisa da União Europeia, cada indivíduo na Europa absorve anualmente, pela alimentação, o equivalente a 5 litros de pesticida.

Eis um exemplo recente. O glifosato é, de longe, o herbicida mais utilizado na Europa. De acordo com praticamente todas as pesquisas médicas disponíveis, ele aparentemente pode provocar câncer. Em outubro de 2017, a Comissão Europeia, sob pressão de grupos químicos agrícolas, acabou validando um novo período de cinco anos para uso desse produto, enquanto uma petição, com mais de um milhão de assinaturas de cidadãos, exigia sua proibição imediata.

Um relatório recente da Organização Mundial da Saúde fez a seguinte observação: quase 60% dos casos de câncer no mundo são em razão dos efeitos nocivos de um ecossistema desregulado, ou de uma alimentação inadequada. Quer que eu continue?

– Sim! Isso me interessa.

O capitalismo explicado às crianças 67

– Como você aprendeu na escola, as grandes florestas tropicais são os pulmões verdes do planeta. Elas protegem a camada de ozônio e viabilizam a atmosfera. De todos os estragos causados à natureza pelo capital financeiro multinacional, a devastação das florestas virgens é um dos piores. Por causa da superexploração, empresas transnacionais de madeira as destroem. Por outro lado, os grandes conglomerados agroindustriais estão em constante busca por novas terras para expandir as plantações ou aumentar o gado. Por isso, anualmente eles queimam dezenas de milhares de hectares de florestas virgens.

Hoje em dia, as florestas virgens não cobrem mais do que, aproximadamente, 2% da superfície da Terra, mas elas abrigam mais de 70% de todas as espécies de vegetação e de animais. Ao longo do último meio século, a extensão global de florestas virgens se retraiu em mais de 2,35 milhões de hectares: 18% da floresta africana, 30% das florestas da Oceania e da Ásia, 18% das florestas latino-americanas e do Caribe foram destruídas.

A biodiversidade diminui de forma alarmante: a cada dia, espécies vegetais e animais são aniquiladas de forma definitiva, mais de 50 mil espécies desapareceram entre 1995 e 2015.

– Jean, li um artigo sobre a maior floresta virgem do mundo, a floresta amazônica. A bacia amazônica cobre algo em torno de 6 milhões de quilômetros quadrados. Mais de 500 mil quilômetros quadrados de floresta desapareceram nos últimos vinte e cinco anos, isso é quase o tamanho da França. É gigantesco!

– Você está bem informada, Zohra. O Instituto Nacional de Pesquisas Espaciais, cuja sede é em São Paulo, vigia a bacia amazônica por meio de satélites que fotografam regularmente o progresso da desertificação. O Instituto começou esse trabalho de vigilância em 1992. Desde então, mais de 530 mil quilômetros quadrados foram desmatados. Sabia que existem bilhões de insetos de tamanhos e cores de uma variedade inacreditável que, na natureza, assumem diversas funções diferentes, porém essenciais? Em 2017, uma comissão de pesquisa científica internacional constatou que, em trinta anos, o número de insetos na terra e no ar caiu mais de 80%.

– Isso está ligado ao desmatamento das florestas?

– Também. Mas os principais culpados podem ser encontrados nos métodos de produção agrícola capitalista, nos pesticidas, na busca do lucro máximo, nas doses letais de fertilizantes químicos despejados nas lavouras etc.

– Na escola tivemos uma aula sobre a morte das abelhas...

– É um bom exemplo! Aqui, dezenas de milhões de abelhas morreram vítimas de um agente químico, o sulfoxaflor, um inseticida que foi espalhado no meio ambiente.

No entanto, as abelhas têm um papel crucial na natureza. Não apenas por causa da produção do mel, mas principalmente pelo transporte do pólen entre as espécies vegetais. Centenas de milhares de cidadãos se mobilizaram contra o sulfoxaflor. Em vão. Os senhores da agroquímica venceram a batalha. Em suma, onde quer que você cresça neste planeta, em Choulex ou em Bangladesh, numa ilha de prosperidade ou num lugar caído do arquipélago, o sistema capitalista determina sua existência. Ele é altamente tóxico, mortalmente perigoso para a natureza e para os seres humanos. E tem todo o interesse em ver os povos divididos; os do Ocidente, lobotomizados e os do Sul, de joelhos.

VI

– Outro dia, na televisão, você estava indignado, e até irritado, contra as desigualdades. Você disse que a desigualdade mata...

– A desigualdade é uma realidade escandalosa e humilhante para a imensa maioria dos seres humanos deste planeta. Não quero aborrecer você com estatísticas, mas vou citar as duas mais significativas. Segundo o Banco Mundial, as 500 empresas transcontinentais privadas mais poderosas, de todos os setores (indústria, comércio, serviços, financeiro etc.), controlaram no ano passado 52,8% do produto mundial bruto, quer dizer, 52,8% de todas as riquezas (bens, patentes, serviços, capitais) produzidas durante um ano sobre a Terra. Seus dirigentes escapam de qualquer controle estatal, sindical ou parlamentar. Eles praticam uma única estratégia: a de maximizar os lucros no menor tempo possível e, com frequência, independente do custo humano. Esses cosmocratas, esses donos do mundo, detêm um poder financeiro, político, ideológico que nenhum imperador, papa ou rei jamais teve na história.

Essa situação indica uma desigualdade abissal, mortal para as vítimas, mas alimenta o modo de produção capitalista. Isso amplia consideravelmente, e sempre mais, os recursos dos ricos e priva dramaticamente, e sempre mais, os pobres. Da desigualdade, da ausência de divisão e redistribuição dos lucros da produção, nasce a incrível eficácia do modo de produção capitalista, fechado em si mesmo, senhor de suas estratégias econômicas, sem se importar com as vítimas.

– Você tinha um segundo exemplo de estatística...

– Os 85 bilionários mais ricos do mundo possuíam, em 2017, o mesmo patrimônio que as 3,5 bilhões de pessoas mais pobres da humanidade. A secretária geral da Anistia Internacional resumiu esse escândalo assim: "85 bilionários que poderiam estar todos juntos em um único ônibus monopolizam tantos bens quanto a maioria mais pobre da humanidade".

– Jean, você não acha que o abismo entre os muito ricos e os muito pobres vai diminuir aos poucos?

– Não, acho que será exatamente o oposto... Nos países do Terceiro Mundo, os abismos aumentam a cada dia. Entre os muito ricos e a massa anônima de miseráveis, as desigualdades não param de crescer. O poder financeiro econômico das 562 pessoas mais ricas do mundo aumentou em 41% entre 2010 e 2015, enquanto os bens das 3 bilhões de pessoas mais pobres regrediram em 44%.

– No debate com Brabeck, vocês nunca estavam de acordo, exceto num momento em que ele deu razão a você: ele disse que essa desigualdade era chocante.

– Você ouviu direito, Zohra. Ele falou nem mais nem menos que: "A desigualdade é moralmente chocante para muitas pessoas". Porém, apesar de tudo, de concordarmos com isso, minha discordância com o presidente da Nestlé permanece total. Não se trata apenas de psicologia, do que as pessoas sentem, neste caso, o fato de ficarem chocadas ou tristes, mas o que os responsáveis pelas desigualdades impõem concreta e materialmente às suas vítimas.

Uma das desigualdades mais chocantes, das mais nefastas, é a que se refere aos impostos. Os mais ricos parecem pagar os impostos que querem. Nenhum controle fiscal de nenhum

Estado soberano os detém, pois existem diversos paraísos fiscais no Caribe, no Pacífico e em outros lugares do mundo.

– Você quer dizer os "Panama Papers" e os "Paradise Papers"? Fala-se muito disso agora...

– Exatamente. Um paraíso fiscal é um país que não conhece impostos. Mas eles dispõem de legislações que permitem criar pessoas jurídicas, multinacionais, como nas ilhas Cayman, empresas de negócios internacionais, como nas Bahamas, que garantem aos muito ricos segredo absoluto, razão pela qual eles escondem seu dinheiro ali. As empresas transcontinentais mais poderosas, os indivíduos com maiores fortunas, abrigam seus bens nessas empresas que chamamos de *offshore* ("em mar aberto"). Elas garantem total sigilo aos detentores dos fundos.

E explodem escândalos com certa regularidade. Jornalistas investigativos tenazes e corajosos colocam foco em certos arranjos financeiros extraordinariamente complexos elaborados pelas empresas *offshore*. Eles revelam listas de nomes de pessoas implicadas nesses escândalos: os que você citou, o "Panama Papers", o "Paradise Papers", mas há também na Europa, em Luxemburgo, o "Lux-Leaks".

– Me explica como essas listas tão secretas de nomes acabam se tornando públicas...

– Certo. Vamos pegar o exemplo do "Paradise Papers". Uma pessoa que trabalhava no escritório de advocacia Appleby International, em Bermudas – talvez atormentada pela consciência pesada –, em novembro de 2017, enviou ao Consórcio Internacional de Jornalistas Investigativos 6,5 milhões de documentos que revelavam arranjos de empresas *offshore* em dezenas de paraísos fiscais. Esses jornalistas analisaram detalhadamente os documentos e calcularam os valores. Então o jornal *Le Monde,* que faz parte do consórcio que realizou a investigação, calculou em 350 bilhões de euros o imposto que, a cada ano, escapa ao controle dos respectivos Estados. Desse valor, 20 bilhões apenas do fisco francês.

– Isso é nojento! Durante esse tempo, todos os outros, necessariamente menos ricos e que às vezes precisam contar cada centavo, são obrigados a pagar seus impostos... enquanto o Estado corta serviços públicos porque não tem dinheiro suficiente...

– Muito bem, Zohra, sua análise é boa e se opõe à tese usada pelos muito ricos para se defender. Um dos inspiradores da ideologia neoliberal, Adam Smith – vou falar dele depois –, afirma que *richeness like health is taken from nobody* ("a riqueza, como a saúde, não se tira de ninguém"). Isso sugere que, por exemplo, não é porque eu tenho uma saúde boa, que outras três pessoas acabarão no Hospital Universitário de Genebra... É totalmente falso! A comparação entre riqueza e saúde não se sustenta! E você entendeu perfeitamente: a recusa dos mais ricos em pagar impostos, ocultando seus bens, esvazia o caixa dos Estados. Durante a segunda metade do século XX, o Estado Social, na Europa, destinado a proteger em certa medida os cidadãos contra a devastação do capitalismo descontrolado e feroz fez vários avanços...

– Espera, o que é isso que você chama de Estado Social?

– O que chamamos de Estado Social surgiu em alguns países com o progresso do capitalismo no final do século XIX; primeiro, de maneira tímida, com o Estado intervindo para garantir um pouco de proteção social aos trabalhadores por meio do seguro saúde, por exemplo. Após a Segunda Guerra Mundial, essa proteção ou auxílio foi ampliado como questão de justiça social (seguro-velhice, seguro-desemprego, abono-família, auxílio social, bolsas de estudos etc.) –, evidentemente por medo de ver crescerem as lutas sociais e sindicais, o comunismo etc. O Estado Social implementou importantes sistemas de previdência social e de redistribuição de riquezas, por exemplo, pela escala progressiva de impostos, com os mais pobres pagando pouco, os mais ricos, muito. Ele financiou escolas, creches, hospitais, transporte público, subvencionou a cultura, atividades esportivas etc.

– Então, todo esse progresso foi interrompido agora?

– Sim, Zohra. A Unicef (Fundo das Nações Unidas para a Infância) indica que, em 2017, 11% das crianças espanholas com menos de 10 anos estavam subnutridas. Nas escolas dos bairros pobres de Berlim, em Prenzlauer Berg, por exemplo, os professores trazem pão e leite de manhã porque muitas crianças chegam à escola com o estômago vazio, pálidas, sem café da manhã. Enfraquecidas pela fome, não são capazes de ter um rendimento escolar normal. Por falta de recursos, alguns Estados estão privatizando progressivamente os serviços públicos: hospitais, transportes, escolas, faculdades, universidades, portos e aeroportos, prisões e até mesmo a polícia. A proteção dos assalariados está caindo em todos os lugares. Se instala a precariedade nas famílias. A angústia pelo amanhã. A exclusão progride.

Você sabe quem é a Sra. Merkel?[1]

– A presidente da Alemanha…

– É a chanceler da Alemanha, o país mais rico de nosso continente. Ela usa uma expressão horrível: *Sockelarbeitslosigkeit,* quase intraduzível em português. Quer dizer que o desemprego permanente de milhões de trabalhadores seria como a base sobre a qual é construída a ordem capitalista. Esses desempregados permanentes, que nunca mais terão trabalho,

---

[1] Quando este livro foi escrito, Angela Merkel era a chanceler da Alemanha. Em 2021, após 16 anos no cargo, ela deixou o poder. (N. da T.)

não receberão nenhum salário, não poderão mais ter uma vida familiar, uma existência digna, são hoje mais de 36 milhões na Europa. A maior parte entre homens e mulheres jovens, com menos de 25 anos.

Mas não é só na Europa, nos países industrializados, que a evasão fiscal dos muito ricos – consequentemente, a diminuição drástica das receitas dos Estados – causa estragos. É claro que você não deve saber, Zohra, o que é uma *pledging conference*?

– Claro que não...

– É uma ação muito especial das Nações Unidas. Cada vez que uma catástrofe atinge uma população no mundo, o Programa Mundial de Alimentos, a Unicef e o Alto-Comissariado para refugiados convocam os embaixadores credenciados da ONU. No entorno de uma enorme mesa que fica no Palácio das Nações, em Genebra, ou no arranha-céu da ONU, em Nova York, os especialistas das Nações Unidas se reúnem com os diplomatas. Explicam a natureza e extensão da catástrofe, as medidas que pretendem tomar e os custos dessas medidas. Os diplomatas então revelam, um de cada vez, o valor com que cada Estado planeja contribuir. *Pledging conference* significa "conferência de compromisso".

– E os responsáveis pela ajuda humanitária recebem essa quantidade de dinheiro?

– Raramente. Vou lhe dar um exemplo. No início de 2017, uma terrível catástrofe atingiu quatro nações simultaneamente. A vida de milhões de crianças, mulheres e homens estava ameaçada no Sudão do Sul, na Somália, no norte do Quênia e no Iêmen.

– Por causa de quê?

– Por causa de uma seca prolongada que destruiu as plantações, da guerra civil, da água envenenada e de uma terrível epidemia de cólera. A *pledging conference* aconteceu em março de 2017, em Genebra. Os especialistas da ONU pediram 4 bilhões de dólares para, pelo menos até setembro, manter vivas 24 milhões de pessoas. Por fim eles receberam exatamente 247 milhões de dólares...

– Mas foi muito menos!

– Claro. Os diplomatas, cada um por sua vez, apresentaram desculpas: "Nosso caixa está vazio... não podemos disponibilizar mais".

– Então, o que aconteceu?

– No Iêmen, no Sudão do Sul, no norte do Quênia e no sul da Somália pessoas continuam morrendo. Aos milhares. Pessoas como eu e você. O que nos diferencia das vítimas é apenas a sorte do lugar onde nascemos.

VII

— Mas, então, os países ricos ainda ajudam os países pobres a alimentar sua população, né?

— Errado, Zohra. O que acontece é exatamente o contrário. Os pobres dos países pobres se matam de trabalhar para financiar o desenvolvimento dos países ricos. O Sul financia o Norte e, em especial, suas classes dominantes. O mais poderoso meio de dominação do Norte sobre o Sul é, hoje em dia, os juros da dívida.

O fluxo de capital Sul-Norte, em comparação, é maior do que o fluxo Norte-Sul. Os países pobres pagam anualmente às classes dirigentes dos países ricos muito mais dinheiro do que recebem delas sob forma de investimentos, ajuda humanitária ou o chamado auxílio ao desenvolvimento. Não há necessidade de metralhadoras, napalm, blindados para escravizar e subjugar os povos: hoje, o que faz isso é a dívida. Por exemplo, o que acontece no continente africano é escandaloso: 35,2% dos africanos vivem em desnutrição grave permanente.

– Mas por quê? Na escola aprendi que a África possui muitas terras férteis e que o continente é subpovoado; então há terra para todo mundo!

– O principal motivo dessa situação é exatamente o endividamento desses países. Isso merece uma explicação. É preciso fazer distinção entre a "dívida soberana", contratada pelo Estado, e a "dívida global", que combina a dívida contratada pelo Estado e a assumida pelas empresas privadas. A dívida soberana de todos os países em desenvolvimento – sem contar África do Sul, Brasil, China, Índia e Rússia, que são classificados como países emergentes –, em 2016, superou a astronômica soma de 1,5 bilhão de dólares.

A dívida atua como um torniquete para os países pobres. Veja como funciona. A maioria dos agricultores africanos não tem acesso a fertilizantes minerais, sementes selecionadas, crédito agrícola, tração suficiente nem irrigação, porque os governos não têm recursos para investir na agricultura. Eles estão soterrados na dívida externa. O pouco dinheiro que os países africanos ganham – o Senegal graças à exportação de amendoim, ou o Mali, graças ao algodão – vai diretamente para os cofres dos bancos europeus ou americanos, como pagamento dos juros da dívida e amortização de parcelas (ou seja, reembolso). Resultado: não sobra nada para investimento na agricultura. Na África negra (ou Subsaariana), apenas 3% do solo arável é irrigado artificialmente; no restante, os camponeses estão restritos ao que chamamos de agricultura de chuva, exatamente como há três mil anos. Com relação à tração, a situação também é catastrófica. Existem cerca de 40 milhões de tratores e 300 milhões de animais de tração no mundo. A questão da tração é decisiva: em Saskatchewan, nas grandes planícies férteis do oeste do Canadá, um camponês cultiva sozinho 2 mil hectares graças ao seu único trator de 200 cavalos de potência. Porém, a maioria dos 2,7 bilhões de camponeses dos países do Sul trabalha, ainda hoje, apenas com facão e enxada...

– De onde vem essa dívida?

– Primeiro, afirmo enfaticamente: a dívida garante o canibalismo do mundo e o poder quase absoluto das oligarquias do capital financeiro globalizado. Nos anos seguintes à descolonização, organismos internacionais como o Banco Mundial ou o FMI (Fundo Monetário Internacional) emprestaram enormes quantias aos países do Terceiro Mundo para que eles se industrializassem, conforme o modelo ocidental capitalista, e desenvolvessem infraestruturas. Não havia mais colônias, mas as antigas potências coloniais queriam continuar explorando as riquezas presentes nesses países e também, possivelmente, abrir mercados por lá. Certos regimes ditatoriais se beneficiaram dos empréstimos para se armar, travar guerras, adquirir meios repressivos contra a população.

Quando um país pobre está no limite, quando não pode mais pagar os juros e as parcelas de amortização da dívida aos credores, o torniquete aperta, ele precisa pedir uma moratória, um reescalonamento dos pagamentos, ou mesmo uma redução da dívida. Os banqueiros aproveitam a situação. Concordam, pelos menos em parte, com o pedido do país devedor, condicionando esse aceite a medidas draconianas: privatizações e vendas para estrangeiros – precisamente, aos credores – das poucas empresas rentáveis, das minas, dos serviços de telecomunicações etc.; benefícios fiscais exorbitantes para empresas transcontinentais que operam nesses países; compra forçada de armas para equipar o exército nativo etc.

– Se entendi direito, o país endividado não tem dinheiro para funcionar normalmente e perde sua independência?

– De fato, Zohra. Quando a insolvência ameaça, o país devedor é obrigado a reduzir despesas do orçamento do

Estado. Quem sofre? A coletividade como um todo e, em primeiro lugar, as pessoas mais modestas. O latifundiário brasileiro e o general indonésio, por exemplo, não são atingidos pelo fechamento das escolas públicas: seus filhos estudam em colégios na França, Suíça, Estados Unidos. O fechamento de hospitais públicos? Não faz falta a eles: suas famílias se tratam no Hospital Universitário de Genebra, no Hospital Americano de Neuilly, ou nas clínicas de Londres ou Miami. O peso da dívida primeiro recai sobre os pobres.

– Mas, hoje em dia, como essa dívida continua aumentando?

– Hoje, a principal causa do endividamento reside na desigualdade comercial: os países devedores frequentemente são produtores de matérias-primas, em especial, agrícolas, como algodão, café, cana-de-açúcar, amendoim, cacau etc. Eles precisam importar os bens industriais que necessitam: máquinas, caminhões, medicamentos, cimento... No mercado mundial, ao longo dos últimos vinte anos, o preço dos bens industrializados aumentou seis vezes, enquanto o preço das matérias-primas agrícolas não para de cair. Determinados preços, como o do café e da cana-de-açúcar, entraram em colapso. Então, para evitar a falência, os países devedores precisam contratar novos empréstimos.

Outra fonte de endividamento é a pilhagem do Tesouro público nos países de Terceiro Mundo. A corrupção desenfreada, o abuso organizado em cumplicidade ativa com os bancos privados (suíços, americanos, franceses etc.) causam estragos. A fortuna do marechal Joseph Désiré Mobutu, o falecido ditador do Zaire, atualmente República Democrática do Congo, está estimada em cerca de 4 bilhões de dólares. Esse tesouro está escondido nos bancos ocidentais. Quando ele morreu, a dívida externa da República Democrática do Congo era de 13 bilhões de dólares...

Outra explicação implica empresas transcontinentais do agronegócio, serviços, indústria e comércio ou bancos internacionais. Essas empresas controlam hoje os principais setores econômicos dos países do Terceiro Mundo. Na maioria das vezes obtêm lucros indecentes ali. Porém, a cada ano, elas repatriam, em moeda estrangeira, a maior parte desses lucros para suas sedes na Europa, América do Norte, China ou Japão. Apenas uma fração dos lucros é reinvestida nos lugares, em moeda local.

– Mas, Jean, a taxa de juros não baixou muito nos últimos anos? Isso não deveria ter baixado o ônus dessas dívidas?

– Na verdade, não. Os países pobres são obrigados a pagar taxas de juros exorbitantes pelos empréstimos. Aos olhos dos mestres de finanças mundiais, os Estados e empresas do Terceiro Mundo são devedores de alto risco. Na lógica (capitalista), os grandes bancos ocidentais impõem taxas de juros incomparavelmente mais altas aos devedores do Sul do que aos do Norte. Esses juros excessivos contribuem, é claro, para a hemorragia de capital que acontece nos países do Sul.

– Um país pobre não pode fugir desse círculo vicioso?

– Não. Veja o exemplo do presidente do Peru, Alan García. Considerando que a situação financeira catastrófica do país não permitia honrar a totalidade da dívida externa contratada com o FMI e banqueiros estrangeiros, ele decidiu pagar apenas 30% do valor total.

– Genial!

– É o que pode parecer. Na verdade, o primeiro navio peruano com uma carga de farinha de peixe que atracou no porto de Hamburgo foi confiscado pela justiça alemã a pedido de um consórcio de banqueiros alemães. Na época, o Peru tinha uma frota aérea internacional de qualidade. Então, os primeiros aviões que aterrissaram em Nova York, Madri ou Londres, nos meses seguintes ao anúncio da redução unilateral do pagamento de juros e amortizações da dívida pelo governo peruano, foram confiscados a pedido de diversos credores.

A menos que seja capaz de se fechar numa autarquia total e prescindir qualquer espécie de comércio internacional, nenhum país do Terceiro Mundo que esteja endividado é capaz, hoje, de fugir a esse torniquete.

– Mas como os capitalistas justificam todo esse sofrimento que infligem às pessoas, em especial, às crianças?

– A justificativa é bem simples e, aos olhos de muita gente, em especial nos países ocidentais, bem convincente. Os banqueiros dizem que, se os pobres não pagarem suas dívidas, todo o sistema bancário mundial entrará em colapso e todo o mundo será dragado para o abismo.

– É verdade?

– É mentira! Antes de você nascer, fui, durante muito tempo, representante de Genebra no Conselho Nacional, o parlamento da Confederação, e membro da comissão de Relações Exteriores. Se você soubesse quantas vezes ouvi dos nossos ministros de Finanças, fiéis lacaios da oligarquia bancária, essa ladainha: "Quem tocar na dívida coloca em risco a economia mundial!".

Sempre que um país sufocado por sua dívida entra em insolvência, quando não pode ou se recusa a pagar, o *Wall Street Journal* e o *Financial Times* anunciam o apocalipse.

Em 2007-2008, uma violenta crise no mercado de ações abalou quase todos os centros financeiros, destruindo centenas de bilhões de dólares em ativos. Em dois anos, algumas das ações cotadas na Bolsa perderam até 65% do valor. No caso de ações de empresas de alta tecnologia cotadas na NASDAQ (a primeira Bolsa de Valores eletrônica que, desde sua fundação, em 1971, acolhe a maior parte das empresas emergentes de tecnologia), a desvalorização chegou a 80%. Os valores perdidos na Bolsa ao longo desse período foram 70 vezes maiores do que o valor conjunto dos títulos da dívida externa de todos os 122 países do Terceiro Mundo. Entretanto, em um período de tempo relativamente bem curto, os centros financeiros se recuperaram. O sistema bancário mundial digeriu a crise.

– E como estamos hoje?

– O torniquete continua no lugar. Inclusive, o endividamento dos países mais pobres é maior do que nunca. Quantos povos são mantidos intencionalmente no subdesenvolvimento econômico pelos predadores! Vejamos o exemplo do admirável povo haitiano que foi o primeiro, há duzentos anos, a perseguir os comerciantes brancos de escravos. Exultante com o anúncio da Revolução Francesa durante a insurreição de 1791, esse povo libertou os escravos. Em 1802, os haitianos destruíram a força expedicionária armada, enviada por Napoleão Bonaparte com a finalidade de reestabelecer a escravidão. Em 1814, decapitaram o negociador Franco de Medina, enviado por Luís XVIII ao Haiti para que a autoridade do rei fosse reconhecida. Então, a França mudou a estratégia: decretou um embargo financeiro, econômico, diplomático e, principalmente, naval contra o Haiti.

A Inglaterra e outras potências europeias se uniram a ela nesse bloqueio. Para evitar a ruína total do país, o presidente Jean-Pierre Boyer concordou em assinar um acordo com a França, que exigia que o Haiti reembolsasse os antigos proprietários de escravos. Boyer aceitou pagar 150 milhões de francos de ouro a Paris... Esse valor astronômico foi pago integralmente, em parcelas anuais, até 1883.

– Mas durante todo esse tempo os haitianos não protestaram?

– Zohra, me deixe terminar a história... Entre 28 de agosto e 2 de setembro de 2001, o secretário geral da ONU, Kofi Annan, convocou a primeira conferência mundial contra o racismo, no porto sul-africano de Durban. A delegação haitiana foi liderada pelo então presidente Jean-Bertrand Aristide, um ex-padre salesiano, um homem frágil de pele bem morena. Em Durban, Aristide fez um forte discurso, que foi ovacionado pelas delegações da América Latina, Ásia e África. Ele exigiu que a França reembolsasse os 150 milhões de francos de ouro, mais juros acumulados desde 1814. A delegação francesa, é claro, se recusou. Em 2004, Jean-Bertrand Aristide foi derrubado por um golpe de Estado. Muitos haitianos acreditam que o golpe foi orquestrado pelo serviço secreto francês.

O capitalismo explicado às crianças 89

– O rei Luís XVIII cometeu um ato terrível com a chantagem do bloqueio naval.

– Infelizmente, Zohra, o cinismo dos cosmocratas não mudou muito desde então. A arrogância dos capitalistas contemporâneos é bem semelhante à dos financistas parisienses de duzentos anos atrás. As ações dos fundos abutres demonstram isso.

– O que são exatamente os fundos abutres? Eu devia saber: você falou disso durante semanas, em todas as vezes que a gente se encontrou no ano passado.

– Como eu disse, Zohra, a maior parte dos países do Sul está sufocada por sua dívida externa. Periodicamente, alguns se tornam insolventes. Não são mais capazes de pagar os juros e as parcelas de amortização aos bancos credores. Então o país insolvente diz: "Não posso mais pagar, aceite renegociar uma redução da minha dívida". Às vezes os banqueiros aceitam. Para eles, é melhor receber 30 ou 40% do valor devido do que não receber nada. O país devedor então emite novos títulos por uma quantia 70 ou 60% menor que o valor inicial. Porém, os títulos antigos da dívida continuam a circular. Fundos de investimentos – que costumamos chamar de "fundos abutres", pois os abutres se alimentam de animais mortos ou moribundos – com sede nas Bahamas, Curaçao, Jersey e em outros paraísos fiscais compram esses títulos a um preço baixíssimo e depois vão aos tribunais de Nova York, Londres ou qualquer outro lugar para exigir o reembolso de 100% do valor original do título. E, de modo geral, os abutres ganham!

– Uau! Jean, isso é complicado!

– Vou dar exemplos. Em 1979, a Zâmbia importou equipamentos agrícolas da Romênia no valor de 30 milhões de dólares. Porém, em 1984, o país se viu em insolvência. Muito bem, uma determinada empresa domiciliada nas Ilhas Virgens comprou o crédito romeno por 3 milhões de dólares. Ela apresentou queixa na justiça de Londres, exigindo o pagamento integral dos 30 milhões. Ela ganhou a causa e hipotecou as exportações de cobre da Zâmbia no mundo todo, alguns imóveis em Londres pertencentes ao país, caminhões da Zâmbia que entravam na África do Sul etc. Por fim, o governo de Lusaka acabou cedendo. Se comprometeu a pagar 15,5 milhões de dólares a esse fundo abutre.

Em 2017, 227 processos impetrados por 26 fundos abutres estavam em curso em 48 tribunais diferentes, contra 32 países devedores. Entre 2005 e 2015, o percentual de sucesso desses predadores foi de 77%. Os lucros que acumularam nesse período variam entre 33 e 1600%.

– Que cinismo! Então os povos pobres estão sem defesa contra esses fundos abutres. Não é possível mudar as leis, impedir essas práticas abomináveis? Impor uma nova norma jurídica?

– Os povos pobres estão, efetivamente, sem defesa. Em determinados casos, os fundos abutres matam. Veja o exemplo do Malawi, um pequeno país agrícola do sudeste da África. A base de alimentação de seus habitantes é o milho; a fome ali é recorrente. Como outros governos na mesma situação, o do Malawi estabeleceu reservas de milho. Seus depósitos são administrados pela Agência Nacional de Reserva de Alimento. Em 2000, eles tinham 40 mil toneladas de milho em estoque. Em 2002, uma seca terrível destruiu a maior parte das plantações. Dos 11 milhões de habitantes, 7 milhões foram atingidos pela fome... E o governo não dispunha mais de reservas para socorrer a população. Os depósitos estavam vazios porque, alguns meses antes, um tribunal inglês havia condenado a Agência Nacional de Reserva de Alimento a vender no mercado internacional suas 40 mil toneladas de milho para pagar em moeda estrangeira o valor devido a um fundo abutre. No Malawi, dezenas de milhares de mulheres, crianças e homens morreram de fome.

– Mas, Jean, os banqueiros que aceitaram negociar a redução de seus créditos não protestam contra os fundos abutres?

– Pior! Não apenas se calam, como vários fazem um jogo duplo. As margens de lucros dos fundos abutres são tão excepcionais, que muitos dos grandes bancos são acionistas desses fundos...

– Mas como isso é possível?

– Muito simples. Durante as primeiras negociações para a redução da dívida, os diretores dos grandes bancos credores se sentam com os ministros numa grande mesa no Ministério das Finanças do país com problemas. Depois, voltam aos seus escritórios climatizados em Nova York, Paris, Londres, Frankfurt ou Zurique... e concedem créditos bancários indecentes aos fundos abutres.

– E ninguém denuncia esse jogo duplo?

– Ano passado, um grupo de Estados latino-americanos, apoiados pelos Estados africanos, propôs no Conselho de Direitos Humanos da ONU uma nova norma de direito internacional, visando proibir os fundos abutres. Sob a influência desses fundos, a maior parte dos governos ocidentais – francês, alemão, americano etc. – sabotou a proposta. Os abutres continuam soltos impunemente.

VIII

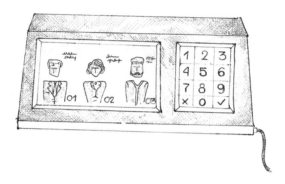

– Por que ninguém protesta de verdade contra os crimes cometidos pelos capitalistas? Tem muitas pessoas boas aqui e lá. Por que não fazem nada contra as injustiças?

– Os motivos são muitos e complexos. Primeiro, acho que ninguém do Ocidente ousa de verdade pensar no mundo como ele é. Veja o que escreveu Edmond Kaiser, meu amigo falecido, fundador da Terra dos Homens, sobre as crianças mártires do Terceiro Mundo, aos quais dedicou sua vida: "Se abríssemos o caldeirão do mundo, seu clamor faria o céu e a terra desistirem. Porque nem o céu, nem ninguém entre nós realmente mediu o alcance aterrador da desgraça das crianças, nem o peso dos poderes que as esmagam". No início do meu mandato como relator especial das Nações Unidas pelo direito à alimentação, anexei fotos de crianças vítimas de doenças relacionadas à desnutrição, em especial os rostos desfigurados de crianças vítimas do noma, aos meus relatórios.

– Sim, eu me lembro. Você me mostrou. O noma devora o rosto das crianças. É horrível!

– A infecção ataca primeiro, por exemplo, as gengivas, depois a necrose destrói aos poucos todos os tecidos moles. Os lábios, as bochechas desaparecem, surgem buracos. Os olhos caem, uma vez que o osso orbital é destruído. A mandíbula fica travada, impedindo a criança de abrir a boca.

Desde o início do meu mandato, Éric Tistounet, secretário geral do Conselho de Direitos Humanos, demonstrou uma amizade discreta e vigilante em relação a mim. Uma noite, depois de uma sessão particularmente decepcionante, onde cada uma das minhas recomendações foi rejeitada, Éric me disse: "Você não devia mais anexar essas fotos chocantes aos seus relatórios... Elas provocam a rejeição dos embaixadores. Eles não suportam as imagens de crianças mutiladas, então deixam o relatório de lado, sem ler". Depois daquela noite, nunca mais anexei as fotos. Também desisti de descrever com muitos detalhes os estragos e sofrimentos provocados pela desnutrição permanente.

– Mas tem os jornais e a televisão...

– Quase todos os jornalistas têm uma autocensura intencional ou subconsciente. Soma-se a isso o fato de que nos países ocidentais, democráticos, que vivem em princípio sob o manto a liberdade de imprensa, um punhado de bilionários controla hoje em dia os principais meios de comunicação. Na França, cinco bilionários são donos de 80% dos impressos semanais, mensais e jornais diários. E, na verdade, nenhuma informação muito chocante sobre as vítimas da ordem canibal do mundo atinge a consciência coletiva.

– Bem, você tem certeza? Tem exemplos?

– Inúmeros. Veja o que aconteceu em 11 de setembro de 2001. Terroristas islâmicos loucos jogaram dois aviões cheios de passageiros em dois arranha-céus de Nova York, um terceiro sobre o Pentágono, em Washington, e um quarto caiu na Pensilvânia. Entre os aviões e prédios destruídos, 2.973 homens, mulheres e crianças de 67 nacionalidades diferentes foram queimados e mortos por esses criminosos. Essa tragédia virou o mundo de cabeça para baixo. Dezesseis anos mais tarde, esse crime monstruoso ainda vive no inconsciente coletivo. Mas no mesmo 11 de setembro de 2001, como todos os dias, mais de 35 mil crianças com menos de 10 anos morreram de fome, ou das consequências dela, no Terceiro Mundo. Praticamente ninguém fala delas.

– Então os capitalistas não têm consciência pesada?

– Eles não se sentem responsáveis. Têm o costume de dizer que é "a mão invisível do mercado" que governa o mundo e que ela funciona segundo as leis "naturais" imutáveis, como a gravidade ou o movimento dos planetas. Apresentam uma justificativa, uma teoria de legitimação de seus atos que é coerente, hostil, complexa e incrivelmente eficaz. A chamam de "neoliberalismo".

– O que é isso exatamente?

– Entre os grandes banqueiros que conheci durante meu mandato como relator especial da ONU, um dos mais brilhantes, mais cultos, foi certamente James Wolfensohn, um bilionário australiano que se tornou presidente do Banco Mundial. Ele era cordial e agradável. Wolfensohn tinha, como horizonte último da história da humanidade, uma convicção que declarou em todos os seminários do Banco Mundial de que eu participei: *Stateless global governance* (Governo mundial sem Estado). Isso significava claramente: "Confiamos na autorregulamentação do mercado mundial livre de todos os obstáculos". Ou ainda: "Vamos acabar com todas as instâncias de controle público no campo econômico".

Para Wolfensohn e os capitalistas, esta é a evidência incontestável: se o capital for totalmente livre para se mover, portanto, se nenhum Estado lhe impuser qualquer controle normativo ou limite em sua circulação territorial, ele migra a cada instante em que realiza o máximo lucro. É assim que a liberdade de ação do capital privado e o rápido aumento da produtividade estão intimamente ligados.

Meu amigo Pierre Bourdieu, que infelizmente se foi muito cedo, comentava assim o que considerava um verdadeiro delírio: "O obscurantismo voltou, mas desta vez estamos lidando com pessoas que alegam ter bom senso". E que não hesitam em difundir as mentiras mais piedosas.

– Me explica que mentiras são essas?

– Desde a implosão a União Soviética, em agosto de 1991, o capitalismo financeiro conquistou o planeta como um fogo selvagem. Ele impôs o neoliberalismo como ideologia dominante. O escritor Guy Debord caracteriza com precisão esse momento: "Pela primeira vez, os mesmos (os capitalistas) são os donos de tudo o que fazemos e de tudo o que dizemos sobre isso". Desde 1992, a liberalização fez progressos notáveis. Em dez anos, como eu já falei, entre 1992 e 2002, o produto mundial bruto dobrou e o volume de comércio mundial triplicou. E, nesse mesmo período, a pobreza em muitos países do Sul aumentou incrivelmente. A rápida liberalização do mercado mundial não eliminou a pobreza. Ela aconteceu em benefício quase exclusivo das oligarquias capitalistas dominantes. A hipocrisia produzida por esse novo obscurantismo é abissal. Está me acompanhando?

– Sim, estou tentando.

– Vamos falar um pouco da liberdade total de comércio exigida pela ideologia neoliberal. Na verdade, essa liberdade de comércio é semelhante a uma luta de boxe entre Mike Tyson, campeão mundial dos pesos pesados, e um jovem desempregado, subnutrido, doente e raquítico de Bangladesh. O capitalista afirma: "A luta obedece às exigências de igualdade; as condições são as mesmas para os dois boxeadores. Que vença o melhor!" Aparentemente, os cosmocratas dizem a verdade: as condições de combate entre Tyson e o bengalês são as mesmas. Mesmo ringue, mesmo tempo de luta, mesmas luvas de boxe, mesmas regras, um árbitro para fazer com que sejam respeitadas... Mas o resultado previsível é nada menos do que o massacre do bengalês.

Tomemos, por exemplo, o princípio de igual tratamento dos investidores estrangeiros e nativos imposto pelo neoliberalismo. A Costa do Marfim, como você sabe, é o principal produtor de cacau do mundo. Porém, se a Nestlé ou outra grande empresa abrir uma usina de tratamento dos grãos ao lado de uma fábrica local, é evidente que a Nestlé, ou sua colega, em pouco tempo levará a empresa marfinense à falência...

– Como?

– Primeiro *truste* agroalimentar e 27ª empresa mais poderosa do mundo, a Nestlé tem recursos financeiros quase ilimitados. Ela pode, se decidir, arruinar a empresa marfinense pagando ao agricultor africano um preço significativamente mais alto pelo cacau do que jamais poderia pagar o investidor local. Até o dia em que o marfinense será obrigado a fechar as portas. A partir de então, em posição de monopólio, o truste vitorioso imporá uma enorme queda no preço de compra. É assim que o santo princípio neoliberal de igualdade de tratamento dos investidores, imposto pelos cosmocratas em todos os lugares, se coloca como obstáculo à industrialização e, portanto, aos países mais pobres saírem da miséria.

– Acho que o que leva ao erro é que acreditamos que liberalismo significa mais liberdade. E todo mundo ama a liberdade!

– Sim, Zohra, e essa é outra ilusão comumente difundida pelos defensores do capitalismo: o livre comércio e a liberdade política seriam sinônimos. Pascal Lamy, ex-comissário de Comércio Exterior da União Europeia e depois diretor geral da Organização Mundial do Comércio, tem a convicção neoliberal no sangue. Ele é, certamente, um dos intelectuais mais talentosos e influentes da direita liberal hoje, embora, estranhamente, seja bem próximo a determinados meios políticos de esquerda. Veja o que ele diz: "Minha convicção é que um país mais aberto comercialmente se torna, necessariamente, menos repressivo".

Xi Jinping, atual presidente da República Popular da China, é um fervoroso defensor da total liberdade de comércio. E seu país está entre os mais repressivos do mundo. A China tem o recorde mundial de penas de morte. É governada por um partido único; sua polícia secreta é todo-poderosa; por lei, as greves são consideradas crime.

– Ainda acho que nem todos os capitalistas são monstros e que alguns, entre esses que têm sucesso, dão trabalho aos seus funcionários, produzem coisas úteis, acham que fazem o bem...

– Mais ou menos, Zohra. Para apaziguar a consciência, eles têm uma arma secreta que chamam de *Golden rain* (chuva dourada).

– Aff... O que é isso, mitologia? Zeus que fecunda a Terra?

– Não é piada. A expressão foi inventada no século XVIII por duas figuras surpreendentes, David Ricardo e Adam Smith. Os dois tinham enriquecido recentemente, o primeiro como corretor da Bolsa de Londres, o segundo como receptor geral de alfândega da Escócia. O teorema deles é o seguinte: quando a multiplicação dos pães atinge um determinado patamar, a distribuição aos pobres se dá quase automaticamente. Os ricos não podem desfrutar de uma riqueza que vai muito além da satisfação de suas necessidades, por mais caras e extravagantes que sejam, então promovem uma redistribuição. Assim, a partir de um determinado nível de riqueza, os capitalistas não mais acumulam, eles distribuem. Um bilionário aumenta o salário de seu motorista porque não sabe mais, no sentido exato da expressão, o que fazer com seu dinheiro.

– É verdade. Uma pessoa muito rica não pode viajar em três Rolls-Royces ou dormir em cinco casas luxuosas ao mesmo tempo, nem comer 5 quilos de caviar numa única refeição!

– É exatamente isso que Ricardo e Smith achavam, e foi o que escreveram. Segundo eles, existe um limite objetivo para a acumulação. Se o rico não pode mais usufruir de todas as suas riquezas, é levado a distribuir o excedente sem uso às pessoas ao seu redor, até aos mais pobres. Necessariamente, um dia cairia sobre os miseráveis, os humilhados, os famintos uma "chuva dourada."

O erro cometido por Ricardo e Smith é visível. A teoria deles é baseada no valor de uso dos bens. No entanto, a acumulação de riqueza pelos cosmocratas tem uma única motivação: ganância, vontade de dominação, desejo de acumular sempre mais riquezas, mais capital que seu vizinho e concorrente. Nessa loucura do lucro ilimitado, o valor de uso dos bens não exerce nenhum papel.

– Então Ricardo e Smith se enganaram?

– Sim, e muito!

– Com todos esses erros, quem ainda pode acreditar nessa teoria neoliberal?

– Muita gente, infelizmente! O maior triunfo dos capitalistas é nos fazer acreditar que a economia não obedece mais à vontade dos homens, mas à famosa lei da natureza. As forças do mercado seriam perfeitamente autônomas, incontroláveis. Aos homens restaria apenas obedecê-las.

Me lembro de um dia em Berlim, em 2000, quando eu era membro do conselho executivo da Internacional Socialista. Estávamos em uma das salas monumentais do Reichstag, a antiga sede do parlamento do Reich alemão que sobreviveu a um famoso incêndio em 1933, a Hitler e aos bombardeios durante os últimos anos da guerra. Em Dusseldorf, Bochum, Dortmund, Essen, em todo o Vale do Ruhr, coração industrial da Alemanha, grandes multidões, centenas de milhares de trabalhadores, funcionários, engenheiros, gerentes foram para as ruas se manifestar contra a realocação de suas fábricas.

O motivo das realocações? Muitos capitalistas de Ruhr estavam insatisfeitos com as margens de lucro, muito baixas para seu gosto. E decidiram expatriar suas empresas, embora perfeitamente rentáveis, para países como a Romênia, Eslováquia, Hungria; alguns, até mesmo para Taiwan e às "zonas especiais de produção" da China. Em todos esses países,

O capitalismo explicado às crianças 103

os salários eram bem mais baixos do que na Alemanha, e os capitalistas tinham certeza de que poderiam dobrar, ou até triplicar seus lucros.

O poderoso sindicato IG Metall, o maior da Europa, mobilizou seu pessoal durante meses exigindo uma intervenção do governo e a proibição das realocações de empresas rentáveis. A estratégia dos capitalistas alemães era a argumentação de um grande aumento do desemprego na indústria pesada – de aço, máquinas etc.

O chanceler alemão, Gerhard Schröder, presidia a sessão da Internacional Socialista. É um homem firme, alegre, franco, o oposto de um burocrata sinistro. Ele explicou que entendia perfeitamente a raiva e inquietação dos manifestantes, mas que não podia fazer nada. Entretanto, a coalizão sob a qual governava, conduzida pelos sociais-democratas, tinha uma maioria confortável no Parlamento e poderia, sem problemas, votar as leis que impediriam o desmonte da indústria pesada em Ruhr. Dessa forma, poderiam ter derrotado a estratégia capitalista de maximização do lucro e evitar o desemprego de milhares de pessoas.

O problema, claro, não era o equilíbrio de forças entre o governo e os capitalistas, mas sim a adesão, a submissão voluntária de Schröder ao obscurantismo neoliberal. Ele nos disse textualmente: "Ninguém pode fazer nada contra as forças do mercado. Os industriais do Ruhr obedecem às leis do

mercado mundial. Pessoalmente, lamento a decisão deles...
Mas seria uma loucura perigosa se opor ao mercado".

O simpático Schröder tinha um discurso duplo? Estava
ele, como achavam então seus críticos socialistas, aliado aos
oligarcas alemães e russos? Não acho. Ao escutá-lo justificar
sua inação sob os painéis dourados do salão do Reichstag,
fiquei convencido de sua sinceridade. Então me lembrei da
expressão de Pierre Bourdieu: "O neoliberalismo é uma arma
de conquista. Ele anuncia um fatalismo econômico contra o
qual toda resistência parece inútil. O neoliberalismo é com-
parável à aids: destrói o sistema imunológico de suas vítimas".
Quer dizer, ele paralisa a vítima depois de convencê-la de sua
própria impotência.

As maiores empresas da região de Ruhr, também as mais
prósperas, puderam realocar suas instalações para o exterior.
Gerhard Schröder foi afastado da chancelaria em 2004.

– Um inútil, esse Schröder!

– Nem um pouco! Com sua atitude em Berlim, ele rea-
firmou a normalidade de conduta dos governos europeus de
direita e de esquerda. Sua consciência estava apenas alienada.

– Como assim "alienada"? É uma desculpa para ficar de
braços cruzados?

– A alienação é um processo muito misterioso. Ela leva
mulheres e homens a pensar e agir livremente contra seus

próprios interesses. Acho muito importante que você entenda como funciona a alienação, pois é a principal arma dos capitalistas para dominar as mentes. Ela ameaça a todos nós. Inclusive você...

Os cosmocratas conseguem fazer os dominados acreditarem neles, acreditarem que defendem o interesse comum, o interesse de todos os membros da sociedade. A função da "alienação" é destruir a identidade singular do indivíduo, privá-lo de seu livre-arbítrio, de sua capacidade de pensar livremente e resistir. Se trata de reduzi-lo à sua função de mercado.

Refleti muito sobre esse processo enigmático. O autor turco Nâzim Hikmet escreveu: "Eles colocam correntes na raiz de nossa cabeça". A alienação é a submissão voluntária à lei do capital. Quando atinge seus objetivos, revela uma vitória formidável dos cosmocratas sobre a inteligência crítica dos dominados.

– Todos nós somos alienados? Papai, mamãe, você, eu?

– Não, nem todos! Uma parte das pessoas, não sei exatamente em que proporção, resiste ao obscurantismo neoliberal. Acho que, em nossa família, somos bem resistentes.

Mas, infelizmente, a alienação causa estragos em muitas pessoas.

– Como?

– Veja o exemplo de seu próprio país. A Suíça tem um regime político chamado de "democracia direta". Cem mil cidadãos reunidos podem exigir que seja organizada uma votação popular para modificar ou abolir qualquer artigo da Constituição.

– Ah, sim: os domingos de votação! Em Genebra votamos sem parar! A cada dois ou três meses, sobre os mais diversos assuntos...

– Então, Zohra, esses domingos, na maior parte das vezes, têm resultados desastrosos. A Suíça é dominada por uma das oligarquias capitalistas mais implacáveis e habilidosas do mundo. 2% da população possui 96% dos valores patrimoniais. Antes de cada votação popular, os oligarcas mobilizam dezenas de milhões de francos suíços para incitar o povo a votar da forma que eles desejam. E, na maioria das vezes, conseguem o que querem!

Veja o caso das votações federais dos últimos dois anos. Os suíços votaram livremente em urnas secretas contra a instauração de um salário-mínimo, contra a limitação dos salários maiores, contra a criação de um fundo público de seguro saúde, contra uma semana a mais de férias para todos, contra o aumento das aposentadorias... Meus exemplos incomodam você?

– Não.

– Como um rebanho de ovelhas, os cidadãos suíços obedecem aos ditames de seus oligarcas. A poderosa Confederação Suíça fornece o exemplo quase perfeito de uma democracia simulada.

– Essa situação irrita você?

– Zohra, o que me irrita é a passividade do povo, sua submissão voluntária às mensagens da classe capitalista. Essa passividade não é, de forma alguma, exclusividade da Suíça. E, principalmente, vem de longe. Esse consentimento tácito às ações dos predadores acontece desde o início da Revolução Francesa e a tomada do poder de Estado pela burguesia. Você sabe o que são os *cahiers de doléances* (cadernos de reclamações)?

– Não, explique...

– Perante a crise econômica incontrolável do fim dos anos 1780, o rei Luís XVI foi forçado a convocar em Paris os Estados Gerais, uma assembleia geral de representantes das três ordens da sociedade da época: a nobreza, o clero e o terceiro estado. Muitos *cahiers de doléances* foram redigidos em 1789 por miseráveis e queixosos de todos os cantos do reino. Ao ler algumas dessas petições, reeditadas pelo Arquivo Nacional, me vieram lágrimas aos olhos.

Mas, em vez de lutar pelo reconhecimento de seus direitos, os "pobres e mendigos da França" – como eles mesmos se chamavam às vezes – confiaram a defesa de seus interesses aos seus futuros predadores, os burgueses capitalistas. Sem saber!

Ouça uma dessas queixas, datada de 4 de outubro de 1789.

Senhores [...]. Os pobres e mendigos do reino da França, inteiramente separados de Vossas Senhorias, teriam o direito de *reivindicar a formação de uma quarta ordem dentro do Estado. Ninguém como eles teria tantos assuntos a reclamar e tantas queixas a fazer. Todos os direitos que teriam da Providência suprema foram violados. Mas a admissão de nossa ordem aos Estados Gerais, por mais justa que seja, apenas constrangeria o andamento de suas deliberações [...]*

Vossas Senhorias, chocadas por ver reunidos os dois extremos e os intermediários da sociedade, achariam nossa nudez revoltante, nossos trapos vis e repugnantes e temeriam o contágio das doenças que nos cobrem. Portanto, não aspiramos introduzir entre Vossas Senhorias nossos representantes, embora vossos irmãos, iguais a vós na ordem da natureza e da graça: a imagem viva e angustiante para a humanidade que eles ofereceriam de nossas misérias, de nossa nudez, de nossas necessidades e mesmo de nosso desespero frustrariam e manchariam o esplendor de vossas opulências. Porém, quando renunciarmos em vosso favor aos direitos mais naturais e legítimos, dignem-se, pelo menos, a cuidar da defesa de nossos direitos.

– Esses *cahiers de doléances* serviram para alguma coisa?

– Não! A burguesia capitalista enganou o povo descaradamente. O sofrimento dos mendigos ficou pior ainda após a queda da Bastilha. Ouça este discurso formidável de Jacques Roux. Ele responde à sua pergunta. Jacques Roux foi um padre excomungado, inteligente, corajoso, admirado por todos, até mesmo pelos inimigos. Ele advogou pelos mendigos. Em vão...

Aristocracia comercial, mais terrível do que a aristocracia nobiliária e sacerdotal, invadiu as fortunas individuais e os tesouros da República em um jogo cruel; entretanto ignoramos qual será o fim de seus abusos, já que o preço das mercadorias aumenta de forma assustadora, do dia para a noite. Representantes dos cidadãos, é hora de terminar o combate que o egoísta trava até a morte com a classe mais trabalhadora... Oh, raiva! Oh, vergonha! Quem poderia crer que os representantes do povo francês, que declararam guerra aos tiranos de fora, seriam tão covardes para eliminar os tiranos de dentro?

– O que aconteceu com Jacques Roux?

— Condenado à morte pelo Comitê de Segurança Pública, suicidou-se na véspera da execução.

– Então ninguém o escutou?

– Pior que isso! Durante as gerações seguintes, a internalização dos valores burgueses, a submissão voluntária aos burgueses capitalistas foram fortalecidas.

Mais de cem anos depois, passeando à noite por Paris, o grande Jean Jaurès, fundador do Partido Socialista francês – sobre quem seu pai escreveu uma bela peça de teatro –, fez esta descoberta.

Fui pego, numa noite de inverno, na cidade imensa, por uma espécie de pavor social. Me parecia que os milhares e milhares de homens que passavam sem se conhecer, multidão incontável de fantasmas solitários, estavam desvinculados de qualquer ligação. E me perguntava, com um tipo de terror impessoal, como todos aqueles seres aceitavam a distribuição desigual dos bens e dos males [...]

Eu não os via com correntes nas mãos e nos pés e me dizia: por que milagre esses milhares de indivíduos sofredores e destruídos se submetem a tudo isso? [...] a corrente estava no coração [...], o pensamento estava ligado [...]. O sistema social tinha moldado aqueles homens, estava neles, de alguma forma tinha se tornado sua própria substância, e eles não se revoltavam contra a realidade porque se confundiam com ela.

Um dos meus livros, um dos mais importantes para mim, se chama *Destruição em massa: geopolítica da fome*. Ele relata meu trabalho durante oito anos como relator especial das Nações Unidas pelo direito à alimentação. Foi traduzido em diversas línguas, fiz muitas palestras em Roma, Milão, Madri, Berlim, Oslo, Nova York. Falei das crianças esqueléticas com membros trêmulos, olhos abatidos, vítimas da falta de calorias, povoando regiões cada vez maiores do planeta. A cada vez, me esforçava para mostrar que o massacre diário de milhares de crianças e adultos pela fome é feito pelas mãos dos homens. E que esse massacre poderia ser interrompido amanhã pelos homens. Eu falava das 10 empresas transcontinentais que, juntas, controlam 85% da produção, estoque, transporte e distribuição de alimentos; mencionei a especulação no mercado do arroz, do trigo, do milho pelos grandes bancos, que elevam os preços desses alimentos básicos no mercado mundial; destaquei a apropriação das terras aráveis na África, na América Latina, na Ásia pelos fundos de investimento.

Ao final de quase todas as minhas palestras, alguém ao fundo da sala levantava a mão para perguntar: "Certamente, o que diz é correto. Como você, estou escandalizado pela morte de tantos seres humanos por causa da desnutrição. Mas eu, o que posso fazer, um simples cidadão, contra essas empresas imensamente ricas e todo-poderosas? Nada!"

Diante daqueles que, no fundo, eu via como "desertores", minha resposta era sempre a mesma, marcada por um nervosismo crescente: "Nunca somos impotentes na democracia. Vocês podem agir para derrubar essa ordem canibal".

– Então, como?

– Paciência, Zohra. Estou chegando lá.

IX

— Jean, derrubar o capitalismo não é uma utopia? Não poderíamos melhorá-lo, corrigi-lo?

— Não, Zohra. O capitalismo não pode ser reformado. É preciso destruí-lo. Totalmente, radicalmente, para que se possa inventar uma organização social e econômica do novo mundo. Você imagina que seria possível aos revolucionários franceses de 1789 apresentar reformas aos privilégios sociais herdados pela nobreza do sistema feudal? Acha que o colonialismo, o sistema escravocrata poderiam ser melhorados, adequados às exigências da moral mais básica mediante algumas correções? Não, Zohra. O que é pedido à sua geração é a destruição do capitalismo ir além disso, seu extermínio. Para que um novo mundo mais humano possa nascer, é necessário que os privilégios e a onipotência dos capitalistas desapareçam nos lixões da história, como foi feito com os privilégios e onipotência dos marqueses.

O desejo de mudar tudo, a utopia, vive em nós. Nossa utopia é o horizonte de valores sobre os quais devemos regular nossa conduta.

– Mas, Jean, a utopia não é uma coisa que nunca chega? Um sonho?

– Não. A utopia é uma força histórica incrível. É um sonho, o sonho acordado que vive em todos nós, a justiça exigível que habita em nossa consciência, o novo mundo, feliz e mais justo, que todos reivindicamos.

Veja a história: a humanização progressiva do homem é óbvia. A abolição da escravidão foi pura utopia durante séculos, ridicularizada pelos escravistas, pelos senhores do tráfico e pelos banqueiros que os financiavam. Entretanto, ela se tornou realidade, bem verdade que após longas batalhas, mesmo que, como vimos, ainda existam escravos aqui e acolá no mundo, mantidos apenas por criminosos, já que os senhores perderam seu poder.

E a emancipação das mulheres no Ocidente? Foi uma utopia durante séculos. No século XIX, usava-se a ciência para explicar que as mulheres não tinham alma. Suas avós não tinham o direito de votar aos 20 anos. A luta das "sufragistas", como as chamavam ironicamente, três gerações atrás, era motivo de piada entre os homens no poder. Entretanto, hoje, a nação mais poderosa da Europa, a Alemanha, foi governada por 16 anos por uma mulher.

A previdência social para todos também era vista como uma utopia. Porém, hoje, a proteção da saúde e contra os problemas financeiros na velhice são cobertas pela Previdência Social e suas garantias. No Ocidente, em especial na França, essa utopia hoje é garantida por lei.

– Então você está dizendo que utopias podem virar realidade?

– A utopia se concretiza aos poucos. Che Guevara escreveu: "Até os muros mais poderosos colapsam por suas fissuras". A utopia está inscrita na Declaração Universal dos Direitos Humanos, de 1948, das Nações Unidas, e nas duas Declarações que a precederam: na dos revolucionários americanos do 4 de julho de 1776 e na Declaração de Direitos do Homem e do Cidadão, dos revolucionários franceses de 1789. O artigo primeiro da Declaração da ONU diz: "Todos os seres humanos nascem livres e iguais em dignidade e direitos. São dotados de razão e consciência e devem agir em relação uns aos outros com espírito de fraternidade". E o artigo 3 estipula: "Todo ser humano tem direito à vida, à liberdade e à segurança pessoal".

Os revolucionários americanos foram ainda mais precisos e consistentes do que os franceses. Eles incluíram em sua declaração um direito bem específico: o direito à insurreição. Ouça, Zohra:

Consideramos estas verdades como evidentes por si mesmas, que todos os homens são criados iguais, dotados pelo Criador de certos direitos inalienáveis, que entre estes estão a vida, a liberdade e a procura da felicidade. [...] sempre que qualquer forma de governo se torne destrutiva de tais fins, cabe ao povo o direito de alterá-la ou aboli-la e instituir novo governo, baseando-o em tais princípios e organizando-lhe os poderes pela forma que lhe pareça mais conveniente para realizar-lhe a segurança e a felicidade.

Espero que você tenha aprendido com todas as nossas conversas que o poder exercido pelos oligarcas do capital financeiro globalizado é, atualmente, o verdadeiro governante do mundo e que ele impede a felicidade da maioria. Então, todo ser humano, no que lhe diz respeito, tem o dever de insurreição.

– Quando acontecerá essa insurreição?

– Ninguém sabe. Mas ela virá. Está próxima. A memória revolucionária dos mártires habita as lembranças das pessoas, no Sul e no Norte. Meu amigo Gilles Perrault a explica magnificamente no *Livro negro do capitalismo*, organizado por ele:

A incontável multidão dos que foram deportados da África para as Américas, destroçados nas trincheiras de uma guerra imbecil, queimados vivos pelo napalm, torturados até a morte nas prisões do capitalismo, fuzilados no Muro dos Federados, em Fourmies, em Sétif, massacrados às centenas de milhares na Indonésia, a quase erradicação dos índios americanos, assassinatos em massa na China para garantir a livre circulação do ópio... De todos esses, a mão dos vivos recebeu a chama da revolta do homem negado em sua dignidade. Mãos rapidamente inertes das crianças do Terceiro Mundo que a desnutrição mata, a cada dia, às dezenas de milhares; mãos esquálidas dos povos condenados a pagar os juros de uma dívida, cujos líderes fantoches roubaram o capital; mãos trêmulas dos excluídos cada vez mais numerosos acampados nos degraus da opulência [...]. Mãos de trágica fragilidade e, no momento, desunidas. Mas um dia elas hão de se encontrar. E, nesse dia, a chama que elas carregam acenderá o mundo.

– De acordo com tudo o que você disse e que eu entendi, os capitalistas não querem a igualdade entre os seres humanos nem a segurança de todos.

– Na verdade, isso não é problema deles. Justiça social, fraternidade, complementariedade entre os seres, liberdade?

O vínculo universal entre os povos, o interesse geral, o bem público, a ordem aceita livremente, a lei que liberta, as vontades díspares transfiguradas pela regra comum? Ideias ultrapassadas, devaneios arcaicos que fazem rir os jovens e eficazes gerentes das empresas transcontinentais privadas! Esses têm outra missão. O princípio fundador do sistema capitalista é o lucro. É a concorrência impiedosa entre todos os indivíduos e povos. A lógica do capital é baseada no confronto, no esmagamento do fraco, na guerra. E é preciso acrescentar que o capitalismo tira um lucro inesgotável da guerra pela destruição, reconstrução e comércio das armas. Zohra, repito: não se pode reformar gradual e pacificamente o sistema capitalista. É preciso quebrar os oligarcas.

– Mas, Jean, durante toda a nossa conversa você falou da onipotência dos senhores do sistema capitalista. Como os mais fracos poderão quebrar os mais fortes?

– Eu e você falamos muito sobre Karl Marx. Numa carta ao seu amigo Joseph Weydemeyer, ele escreveu: "O revolucionário deve ser capaz de ouvir a grama crescer". E eu garanto: a grama está crescendo de verdade!

– Você me parece bem otimista. No entanto, não respondeu à minha pergunta!

– Escute, Zohra. Uma força imensa está adormecida em nós. E vou responder à sua pergunta, que é a mais difícil...

A força da rebelião reside na recusa racional de cada um de nós em aceitar eternamente um mundo onde o desespero, a fome, a miséria, os sofrimentos, a exploração de uma multidão nutram o relativo bem-estar de uma minoria, geralmente branca, vivendo na inconsciência de seus privilégios.

"A desumanidade infligida ao outro destrói a humanidade em mim", escreveu o filósofo alemão Emmanuel Kant. O imperativo moral está em cada um de nós. É uma questão de o revelar, de mobilizar a resistência, de organizar a luta.

A insurreição das consciências se manifesta por todos os lados. Vemos, na verdade, a multiplicação das frentes de resistência. Em todos os setores da vida.

Zohra, uma nova entidade histórica está nascendo: a sociedade civil global. Ela reúne milhões de mulheres e homens de povos, culturas, classes sociais e idades as mais diversas. Uma única motivação os impulsiona: "Eu sou o outro, e o outro sou eu". Não mais comitê central nem linha partidária. Ela é composta de uma infinidade de *fronts* de resistência nos cinco continentes, nos lugares mais inesperados, trabalhando hoje contra a ordem canibal do mundo. Movimentos sociais os mais diversos a representam: a Via Campesina, uma organização com mais de 120 milhões de arrendatários, pequenos agricultores e trabalhadores do campo; os movimentos feministas que combatem as discriminações e a violência; o Greenpeace, que luta contra as ameaças à natureza e à biodiversidade; o movimento Attac[2], que tenta limitar os estragos do capital especulativo; a Anistia Internacional, que luta pelo respeito mínimo aos direitos humanos em todo o mundo; e dezenas de milhares de outros movimentos sociais, anticapitalistas, grandes e pequenos, locais ou internacionais. Juntos, eles formam uma irmandade misteriosa, mais poderosa a cada dia, lutando em paralelo contra a barbárie capitalista. Centenas de milhões de seres humanos agora estão despertos.

– E, então, o que vai acontecer?

– Tempo é vida humana. Não podemos deixar os pobres esperarem. Daí as reivindicações radicais desses movimentos. No entanto, a batalha que está longe de ser vencida hoje corre o risco de se perder por um longo tempo se não agirmos.

– Jean, você não respondeu à minha pergunta. O que vai acontecer?

– Zohra, não sabemos como vai ser. Veja o que está acontecendo na luta das mulheres contra os abusos sexuais. Bastou a denúncia contra um poderoso predador sexual dos

---

2 A Attac (Associação pela Taxação das Transações Financeiras para a Ajuda aos Cidadãos), criada em 1997, na França, tornou-se uma das ONGs mais ativas no movimento antiglobalização.

círculos cinematográficos de Hollywood para que se levantasse a revolta de muitas mulheres que, em algum momento, foram vítimas desse tipo de comportamento. De repente, a brecha se abre e o muro cai.

Os seres humanos sabem o que não querem, com certeza. Eu não quero viver num planeta onde a cada cinco segundos uma criança com menos de 10 anos morre de fome ou de uma doença relacionada à fome, enquanto a Terra poderia alimentar sem problemas o dobro da população atual se apenas a distribuição de alimentos fosse justa. A desigualdade mortal das fortunas, a guerra permanente dos ricos contra os pobres me revoltam. O obscurantismo, a ideologia neoliberal, a naturalização das forças do mercado, a manipulação dos consumidores são um insulto à minha razão. A destruição do meio ambiente, a superexploração dos recursos naturais, a morte lenta do planeta são monstruosidades.

Lembre-se das palavras desse surpreendente Papa Francisco: "Com a exclusão é afetada, em sua raiz, a participação na sociedade onde se vive. O excluído não está mais na base, na periferia – ele está fora... Os excluídos não são os explorados, são os desperdiçados".

Atualmente, na humanidade, existem mais de um bilhão de seres humanos "desperdiçados". Não quero mais essa sociedade. Isso eu sei claramente.

– Certo, Jean, sabemos o que não queremos, mas, se lutamos, temos que saber o que queremos que substitua o capitalismo... e como vamos fazer.

– Não há um programa. Somente uma lenta germinação nas diversas frentes que se mobilizam. A superação do capitalismo pelo comunismo no século XX não teve êxito, porém essa luta deu frutos, favoreceu a emancipação da humanidade, mas foi traída e combatida violentamente. O capitalismo venceu, como hoje na China, onde um regime supostamente comunista baseia sua economia no mercado capitalista. Por fim, para organizar o futuro, há as convicções que cada combatente carrega consigo, seus valores.

Veja o que acontece em 14 de julho de 1789, em Paris. Nos subúrbios de Sant-Antoine e Sant-Martin, trabalhadores e artesãos estavam revoltados com a miséria. As ideias do Iluminismo tinham germinado ao longo de todo o século XVIII, circulavam por todos os lugares: contra o poder absoluto dos reis, contra o obscurantismo religioso, pelo desenvolvimento do conhecimento e da ciência, pela razão, pela liberdade, pela igualdade entre os homens. Naquele dia, no 14 de julho, aqueles trabalhadores e artesãos parisienses decidiram tomar de assalto a imensa fortaleza-prisão de Paris, vizinha, símbolo detestado do poder arbitrário. Eles marcharam sob a Bastilha. Mal armados com espadas, pistolas e punhais. A Bastilha... Os fossos de água profundos, 10 metros de largura, muros considerados impenetráveis...

Ao vê-los chegar, o governador de Launay mandou içar a ponte levadiça, baixar os portões, trancar as portas. Naquele dia, mais tarde, dois batalhões da guarda burguesa, com oito canhões, vieram em auxílio dos revoltosos. De Launay tentou negociar, baixou a ponte levadiça. Os insurgentes entraram na fortaleza, massacraram o governador e libertaram os prisioneiros.

Se, na noite daquele 14 de julho, um jornalista de hoje perguntasse a um dos insurgentes: "Cidadão, vocês acabaram de tomar a Bastilha, agora me explique como continuarão, como farão para derrubar a monarquia e o feudalismo", bem, com certeza a pergunta não seria respondida clara e diretamente. Para aquele insurgente, era impossível antecipar o texto da Constituição da Primeira República que seria proclamada quatro anos mais tarde.

A Revolução Francesa virou a história do mundo de cabeça para baixo. Ela derrubou a ordem feudal, liberou centenas de milhões de seres humanos pelo mundo. Seu programa, suas instituições, suas estratégias? Nasceram da liberdade emancipada do homem de uma forma totalmente imprevisível.

– Então você não sabe nada do sistema social e econômico que deve substituir o capitalismo?

– Nada... pelo menos, nada específico. Mas isso não me impede de desejar que a sua geração derrube o capitalismo. E, nessa perspectiva, em mim vive uma verdade: a ação de cada um conta. Minha esperança se alimenta da convicção do poeta Pablo Neruda: *Podrán cortar todas las flores, pero jamás detendrán la primavera,* traduzindo: "Poderão cortar todas as flores, mas jamais impedirão a primavera".

Posfácio

O capitalismo mata!

I

Durante a primeira onda europeia da pandemia do coronavírus (covid-19), de 1º de março a 31 de maio de 2020, duas estratégias próprias ao capitalismo financeiro globalizado se revelaram particularmente fatais: a do recurso à lei dos custos comparativos aos encargos de produção e a da maximização dos lucros. Até o início do desconfinamento na Europa, a epidemia tinha causado mais de 375 mil mortes no mundo, das quais quase 100 mil nos Estados Unidos, 36 mil no Reino Unido, mais de 32 mil na Itália, de 28 mil na França, de 26 mil na Espanha e de 23 mil no Brasil. Na Europa, as vítimas morrem principalmente nas instituições para pessoas idosas dependentes (EPAD[1], na França; ILPI, no Brasil) e nos hospitais.

No dia 29 de maio de 2020, às 14 horas, a situação na França era a seguinte: 28.714 mortos desde 1º de março de 2020, dos quais 18.387 em hospitais e 10.327 nas ILPIs. Não existem dados confiáveis em relação aos mortos pelo vírus em domicílio[2]. Nas ILPIs, a agonia das vítimas geralmente é cruel. Eis o testemunho de Maya (nome fictício), auxiliar de enfermagem numa ILPI em Montreuil, nos arredores de Paris:

Tenho visto colegas se recusarem a entrar nos quartos dos pacientes com covid por falta de máscaras e de aventais. Os residentes, então, ficam sem medicamentos e sem alimentação. Os enfermeiros também não querem se aproximar dos leitos para fornecer a eles o tratamento[3].

Muitos pacientes dessa instituição tiveram problemas para se alimentar sozinhos, sem a ajuda habitual. Como a falta de máscaras, aventais e toucas impedia que os cuidadores se aproximassem dos pacientes residentes, às dores provocadas pela falta de tratamentos se somaram as agonias da fome.

---

1 EPAD - Établissement d'hébergement pour personnes âgées dépendantes. No Brasil, a correspondente é a ILPI - Instituição de longa permanência para idosos. (N. da T.)

2 Jornal *Le Monde*, 1-2 de junho de 2020.

3 "EPAD, autopsie d'une catastrophe annoncée" (ILPI, autópsia de uma catástrofe anunciada), em *Le Monde*, 7 de maio de 2020.

II

Na Europa, a maior parte dos hospitais conseguiu reorganizar seu funcionamento com uma rapidez impressionante. Os médicos de emergência, enfermeiras e enfermeiros, auxiliares de enfermagem, pessoal encarregado da limpeza, paramédicos, responsáveis pelos medicamentos, pela logística realizaram – e continuam a realizar – um trabalho absolutamente admirável, colocando em risco sua própria saúde a cada instante, dedicando-se sem limites aos cuidados de pessoas infectadas. Porém, em várias unidades de terapia intensiva (UTI), a partir de meados de abril, a angústia começou a rondar: os médicos intensivistas foram confrontados com uma diminuição rápida dos estoques de medicamentos indispensáveis à reanimação cardiopulmonar, especificamente para os doentes intubados e postos em coma induzido.

Em diversas unidades, a todo momento havia o risco de faltarem medicamentos essenciais. Esse foi, em especial, o caso dos anestésicos Propofol e Isofluran, do opioide analgésico Sufentail, de relaxante muscular e de Midazolan, utilizados na sedação dos pacientes.

Assim como muitos outros países, a Alemanha vivenciou a angústia da falta de medicamentos. No início de abril, a empresa multinacional farmacêutica Baxter comunicou ao *Bundesinstitut für Arzneimittel und Medizinprodukte[4]* que estava temporariamente incapacitada de entregar o Isofluran e o Propofol. Aos seus clientes, a empresa escreveu que solicitava "educadamente, que não efetuassem pedidos durante o mês de abril"[5].

Os principais medicamentos indispensáveis ao tratamento por respiração artificial, notadamente através de aparelho respiratório e coma induzido e intubação, são fabricados na Ásia. Por exemplo: o sedativo sintético é fabricado principalmente na Índia, os medicamentos utilizados pelos anestesistas o são na China e, de igual modo, na Índia.

Com a finalidade de obter um máximo lucro para seus acionistas, as empresas multinacionais que dominam o setor farmacêutico há muito tempo transferiram para a Ásia grande parte de sua produção.

Na China, a greve é considerada um delito criminal, os sindicatos independentes não são reconhecidos, os trabalhadores e trabalhadoras são contratados de qualquer maneira. A mesma coisa na Índia, que, no entanto, no papel, é uma democracia. Ali, os salários são, dependendo do setor, 3 a 5

---

4 Instituto federal de medicamentos e de equipamentos médicos da divisão do Ministério da Saúde.

5 Jornal *Der Spiegel,* 11 de abril de 2020.

vezes inferiores aos dos trabalhadores e trabalhadoras dos mesmos setores da Europa ocidental.

Na ILPI de Montreuil, homens e mulheres idosos infectados com coronavírus morreram de fome e falta de medicamentos. Nos hospitais e clínicas na Alemanha, Itália, Espanha e Rússia, nos Estados Unidos, no Brasil, quantos doentes sofreram terrivelmente, morrendo por asfixia, com dores lancinantes, por falta dos medicamentos necessários para anestesia e reanimações prolongadas? O público jamais saberá. A lei do capitalismo dos custos comparativos aos encargos de produção os matou.

Para lutar contra a primeira onda da pandemia da covid-19, os Estados industrializados da Europa, bem como os Estados Unidos, os países da América do Sul, a Rússia etc. se viram completamente dependentes das indústrias transferidas para a Ásia.

Vejamos as máscaras. Para lutar contra a pandemia, o uso da máscara é obrigatório. No entanto, o acesso às máscaras para os profissionais de saúde e, de modo mais geral, para as populações europeias, é uma piada.

Tomemos o exemplo da França.

Em 16 de fevereiro de 2020, Olivier Véran assume as funções de ministro da Solidariedade e da Saúde. Alguns dias mais tarde, ele declara perante o Senado: "Em 2020, havia um estoque federal de 1 bilhão de máscaras. Quando cheguei ao ministério, não havia mais que 150 milhões. [...] Do ponto de vista das máscaras, não éramos um país preparado para uma crise sanitária devido a uma decisão tomada há nove anos"[6].

O que aconteceu? A república francesa, seja qual for o partido no poder, está devastada pela ideologia neoliberal.

Dez anos atrás, a reserva estratégica mantida pelo Estado contava com mais de 1 bilhão de máscaras cirúrgicas e de máscaras do tipo PFF2 (mais filtrantes e reservadas ao pessoal das unidades de tratamento intensivo). Mas esse estoque custava caro. Além disso, era necessário renová-lo a cada cinco anos. A lógica capitalista impôs aos dirigentes uma mudança de estratégia. Então os dirigentes introduziram a noção de "fluxo". Eles passaram a encomendar as máscaras às empresas chinesas por meio de "contratos condicionados à demanda", ativados unicamente em caso de necessidade. Resultado: no início da pandemia e durante toda a primeira onda, a França, para obter suas máscaras, dependeu quase que inteiramente

---

6 Citado pelo jornal *Le Monde*, em 8-9 de maio de 2020.

dos fabricantes chineses... e estes, frequentemente, são incapazes de cumprir as entregas.

Daí as diretrizes grotescas do Primeiro-Ministro Édouard Philippe: até meio de março, ele garantia que o uso da máscara não exercia qualquer papel no combate ao coronavírus. Dois meses mais tarde, mudança radical no discurso governamental: o uso da máscara é obrigatório nos transportes públicos e no comércio e veementemente aconselhado nos espaços públicos.

IV

A obtenção de máscaras na China representa, para os compradores privados e públicos, uma série de obstáculos. O mercado é caótico. É povoado por chantagistas e vigaristas. Os Estados mais poderosos, em especial os Estados Unidos, recorrem a ameaças, à chantagem, para obter os preciosos equipamentos descartáveis como máscaras, aventais, toucas, sapatilhas, óculos de proteção etc.

No início de 2020, o presidente Trump desenterrou uma lei datada da Segunda Guerra Mundial chamada *Defense Protection Act*[7], permitindo ao governo de Washington

---

7 Lei de Proteção da Defesa. (N. da T.)

confiscar qualquer carregamento de bens importantes para a segurança nacional. Trump fez uso intenso dessa lei. Por exemplo: emissários brasileiros, enviados pelo governador do Estado da Bahia, compraram, no início de março, 600 aparelhos de respiração artificial do tipo New Port HT 7-Plus, de uma empresa chinesa. O avião que transportava os aparelhos efetuou uma escala técnica em Miami. O governo americano confiscou a carga.

A Organização Mundial do Comércio (OMC) emite um comunicado em meados de março: ela solicita aos Estados membros que garantam o cumprimento das regras de transparência e de não descriminação do comércio internacional. Em vão!

O desvio de carga, o rompimento de contratos, as fraudes, as ameaças e as chantagens continuam ao bel-prazer. O Brasil é, depois dos Estados Unidos, o país mais cruelmente afetado pela pandemia. Seu ex-ministro da saúde, Luiz Henrique Mandetta, encomenda da China, e paga adiantado, 200 milhões de máscaras. Em meados de março, as máscaras ficam estocadas no aeroporto chinês aguardando para serem embarcadas e entregues via Argentina. É então que surgem no céu 23 aviões de carga americanos. Os emissários que eles transportam negociam no local o desvio da carga por um preço amplamente superior. O empresário chinês, vendo a oportunidade, imediatamente rompe o contrato com os brasileiros... e as 200 milhões de máscaras são embarcadas para os Estados Unidos.

O Canadá, a França e outros Estados ainda denunciam regularmente os rompimentos de contratos e os desvios de cargas de máscaras e de outros equipamentos de proteção descartáveis, de instrumentos médicos, de respiradores etc.

Israel incumbiu aos agentes da Mossad, sua agência de informação dedicada a operações especiais, a responsabilidade pela aquisição de máscaras e outros produtos médicos.

Nessa guerra comercial impiedosa, determinados Estados desfrutavam de uma posição avantajada.

Tomemos o exemplo da Alemanha. Após uma discussão telefônica com o presidente chinês Xi Jinping, a chanceler Angela Merkel obteve a instalação de uma ponte aérea entre Xangai e Frankfurt operada pela Lufthansa. Assim, a Alemanha evita os riscos de rompimentos de contratos em favor de compradores mais generosos e de desvios de cargas encomendadas e pré-pagas.

Para os países mais pobres, porém igualmente dependentes da China (ou da Índia), a subida constante dos preços dos medicamentos, dos respiradores e das máscaras constitui uma outra catástrofe.

O tipo de respirador encomendado da China pelo governo da Bahia custava, antes da pandemia, US$ 700 dólares.

Uma carga desses aparelhos, encomendada da China pelo governo italiano em abril de 2020, foi faturada no valor de 25 mil dólares cada equipamento.

A multiplicação exponencial de encomendas, notadamente europeias, provoca problemas de entrega na própria China. Matérias-primas começam a faltar. Além disso, devido à falta de espaço nos aviões de carga, as mercadorias às vezes permanecem durante semanas nos aeroportos chineses.

A total dependência dos Estados europeus, americanos, africanos em relação à China e à Índia para o fornecimento dos meios elementares e indispensáveis de luta contra a pandemia é responsável por dezenas de milhares de mortes por asfixia.

V

No momento em que escrevo estas linhas, ninguém sabe ainda se uma segunda onda epidêmica ameaça os continentes. Ninguém conhece verdadeiramente a covid-19, nem suas origens, nem seu modo de transmissão a médio e longo prazo. É um matador mascarado. Um assassino desconhecido.

Até o momento, a humanidade está entregue a ela, indefesa. Não existe nem vacina, nem tratamento para preveni-la. Mas uma coisa é certa: na guerra contra o vírus, a estratégia capitalista é um fracasso.

Ao longo das últimas gerações, as oligarquias do capital financeiro globalizado conseguiram desmantelar, desarmar o Estado e instaurar a alienação no inconsciente coletivo. Em face à pandemia, sua estratégia está se revelando mortal.

O que deveria ser feito? Com toda urgência e antes que o assassino mascarado retorne com força? É urgente a restauração dos direitos e deveres soberanos do Estado nos setores da saúde (e da alimentação). O setor da saúde pública deve ser declarado setor estratégico no mesmo nível que a defesa nacional e a segurança pública.

Os investimentos públicos nesse setor – pesquisa, equipamentos hospitalares, salários de profissionais de saúde, equipamentos médicos também nas ILPIs – devem ser massivamente aumentados.

Fim de fechamentos de hospitais e da superexploração dos profissionais de saúde. Fim imediato da política de austeridade quando ela atinge de perto a vida humana. Abolição da diretiva da União Europeia que proíbe aos Estados membros um déficit de orçamento superior a 3%.

Para dar um fim à multidependência do setor público da saúde e aumentar rapidamente os orçamentos da pesquisa médica e os salários dos profissionais de saúde, para financiar os equipamentos hospitalares, os estoques de máscaras e de medicamentos destinados a salvar vidas, o Estado deve aceitar endividar-se.

Repito: é preciso aceitar o aumento da dívida soberana se os investimentos no setor sanitário o exigirem. É preciso "desglobalizar" radicalmente esse setor. Tendo recuperado sua capacidade normativa, os Estados devem obrigar as indústrias farmacêuticas multinacionais a repatriar seus laboratórios de pesquisa e de produção.

Qualquer que seja o inevitável protesto dos acionistas, os Estados devem tomar partes do capital dessas empresas ou, se necessário, proceder à nacionalização delas.

VI

A covid-19 penetra nos palácios assim como nos casebres. Ela mata tanto os miseráveis quanto os oligarcas. Ela não conhece fronteiras seguras. Ela obrigou 3 bilhões de seres humanos ao redor do mundo a se confinarem dentro de casa. Ela cria angústia, arruína a economia e semeia a morte. O que acontece do outro lado dos mares diz respeito diretamente aos europeus. A Organização Mundial da Saúde exige que se coloque à disposição um mínimo de 5 mil leitos de hospitais públicos para cada 100 mil habitantes. No entanto, os 52 Estados africanos possuem em média apenas 1.800 leitos para cada 100 mil habitantes. Na África, 32,2% dos habitantes são grave e permanentemente subalimentados. Em outras palavras, as forças imunológicas de um terço da população estão gravemente enfraquecidas.

Nos bairros de lata de Dacca, em Bangladesh, nos casebres superpopulosos de Nairobi, nas favelas de São Paulo, nenhum "distanciamento social" é possível. Segundo dados da ONU, mais de 35% da população da África subsaariana vive em habitações ditas "não oficiais", onde uma única torneira de água serve a até mil ou, às vezes 2 mil, pessoas, onde se proteger do vírus lavando as mãos com frequência é, portanto, um projeto utópico. A dívida externa dos Estados imposta há muito tempo pela oligarquia do capital financeiro globalizado é avassaladora. Ela impede qualquer investimento significativo no setor da saúde pública. Em 31 de dezembro de 2019, a dívida dos 123 países do chamado Terceiro Mundo[8] era de 2,1 tilhões de dólares.

---

8 Todos os países do Terceiro Mundo, exceto os países do Brics (Brasil, Rússia, Índia, China e África do Sul).

Nenhuma luta vitoriosa contra a covid-19 é possível sem a extinção radical e imediata da dívida externa dos países mais pobres do planeta.

VII

A revista americana *Forbes* classifica Warren Buffet como o sétimo homem mais rico do mundo. Falando ao canal de televisão CNN, ele declarou para o jornalista que o entrevistava: "*Yes, there is class warfare, all right, but it is my class, the rich class, that's making all war and we are winning*" ("Sim, a guerra de classes existe, mas é a minha classe, a dos ricos, que está fazendo essa guerra e estamos vencendo")[9]. Precisamos reverter com urgência o equilíbrio de forças. O capitalismo mata. Antes de poder vencer nossa luta contra a pandemia, é preciso abater o reino planetário das oligarquias do capital financeiro globalizado.

Jean Ziegler
Junho de 2020

---

9 Entrevista à CNN, 25 de maio de 2005, citada pelo jornal *New York Times,* em 26 de novembro de 2006.

Agradecimentos

Aos pais de crianças que me sopraram a ideia deste livro. Olivier Bétourné, presidente da Éditions du Seuil, que imediatamente o assumiu, acompanhou seu desenvolvimento com sua amizade e tremenda erudição e releu-o com toda a sua acuidade crítica.

Erica Deuber Ziegler foi minha preciosa colaboradora, trazendo para o livro seu olhar historiador e impiedoso senso crítico.

Dominique Ziegler releu o manuscrito e descobriu algumas deficiências. Seus comentários foram essenciais.

O manuscrito foi revisado diligente e precisamente por Sophie Sallin.

Cécile Videcoq realizou o trabalho editorial com extrema habilidade, me beneficiando com seus conselhos amigáveis em cada etapa.

Caroline Gutman, Catherine Camelot e Sebastian Ritscher me deram seu apoio e leal amizade.

Marie-Pierre Le Faucheur-Prudon releu a cópia com grande habilidade e François-Xavier Delarue projetou a capa com talento.

Por fim, Olivier Balez, um excepcional *designer* gráfico, encontrou o simbolismo para a capa do livro, capaz de amplificar meu argumento.

Também agradeço pelos cuidados com esta edição (traduzida para o português do Brasil) a Miriam Cortez, gerente editorial da Cortez Editora; ao professor Amir Piedade, editor; a Sandra Pina, tradutora; a Ana Ossa e André Meister, revisão técnica; a Mauricio Rindeika Seolin, projeto gráfico; a Natan, pelas belíssimas ilustrações, e a Vivian Lobenwein pela primorosa concepção da capa.

A todos, expresso minha profunda gratidão.

Livros do autor
(traduzidos para o português)

Sociologia e contestação
Civilização Brasileira, 1972

O poder africano
Difel, 1972

Os vivos e a morte
Zahar Ed, 1977

A Suíça acima de qualquer suspeita
Paz e Terra, 1977

A vitoria dos vencidos:
opressão e resistência cultural
Forense Universitária, 1996

A Suíça lava mais branco
Brasiliense, 1990

O ouro do Maniema
Record, 2000

A Suíça, o ouro e os mortos
Record, 1999

Os senhores do crime:
novas máfias contra a democracia
Record, 2003

A fome no mundo explicada a meu filho
Vozes, 2002

Ódio ao Ocidente
Cortez Editora, 2011

Destruição em massa: geopolítica da fome
Cortez Editora, 2013